Kathrin Sander

Hamburg – Stadtführer für Kinder

Kennst du auch die anderen Stadtführer für Kinder aus dem Picus Verlag?
In der Reihe gibt es die Bände:

Berlin – Stadtführer für Kinder *von Joscha Remus und Sibylle Vogel*
Berlin – City Guide for Children *von Joscha Remus und Sibylle Vogel*
Graz – Stadtführer für Kinder *von Claudia Kastner und Clara Frühwirth*
Innsbruck – Stadtführer für Kinder *von Barbara Danzl und Sibylle Vogel*
Linz – Stadtführer für Kinder *von Barbara Schinko und Clara Frühwirth*
Lübeck – Stadtführer für Kinder *von Majka Gerke, Sonja Köhler, Karolin Küntzel, Barbara Peters, Johanna Prinz und Wiltrud Wagner*
München – Stadtführer für Kinder *von Martina Gorgas und Sibylle Vogel*
Salzburg – Stadtführer für Kinder *von Margit Salamonsberger und Johanna de Wailly*
Salzburg – City Guide for Children *von Margit Salamonsberger und Johanna de Wailly*
Vienna – City Guide for Children *von Brigitta Höpler, Alexander Potyka und Sibylle Vogel*
Wien – Stadtführer für Kinder *von Brigitta Höpler, Alexander Potyka und Sibylle Vogel*

Kathrin Sander

HAMBURG

Stadtführer für Kinder

Illustriert von Michel Lengenfelder

Picus Verlag Wien

Product footprint
CO_2 Neutral
PBN-CFMCP-015258
www.preferredbynature.org

MIX
Papier aus verantwortungsvollen Quellen
FSC® C014138
www.fsc.org

2., aktualisierte Auflage 2022

Grafische Gestaltung: Dorothea Löcker, Wien
Druck und Verarbeitung:
FINIDR, s.r.o., Český Těšín
ISBN 978-3-85452-169-3

Informationen über das aktuelle Programm
und Veranstaltungen unter
www.picus.at

Inhalt

Damit du dich in dem Buch gut zurechtfindest, helfen dir folgende Zeichen:

R 5 Nähere Hinweise findest du in Rundgang 5.

Häuser, die im Rundgang beschrieben werden.

Der Weg, den du gehen wirst.

Hier erfährst du Spannendes über Hamburg oder bekommst Tipps für interessante Unternehmungen und Ausflugsziele.

Hier kannst du etwas zeichnen oder ergänzen.

Hier gilt es, genau zu schauen oder ein Rätsel zu lösen. Auflösungen findest du im Anhang.

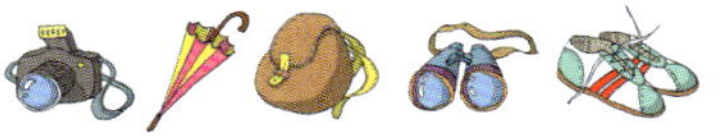

Praktische Hinweise zu diesem Buch

Hier noch ein paar Tipps für deine Entdeckungsreise durch Hamburg.
Das erste Kapitel dieses Stadtführers gibt dir einen Überblick über Hamburgs Geschichte, du erfährst, wie aus einer Burg die Stadt Hamburg entstand und woher der schöne Spitzname »Das Tor zur Welt« kommt.

Der Hauptteil des Buches besteht aus sechs Touren. Diese Spaziergänge führen dich zu Kirchen und Denkmälern, Schiffen und Speichern, und am Ende wirst du sicher einige Dinge entdeckt und erforscht haben, die nicht mal die Einheimischen kennen.

Was solltest du dabeihaben? Auf jeden Fall bequeme Schuhe und einen Stift, damit du die Rätsel lösen kannst. Wenn du ein Fernglas hast, pack es ein – damit kannst du zum Beispiel die dicken Pötte auf der Elbe genauer unter die Lupe nehmen. Meistens führen die Spaziergänge durch Fußgängerbereiche und ruhigere Straßen. Trotzdem – Achtung vor dem Straßenverkehr: Hamburg ist eine Großstadt.

Im siebten Kapitel haben wir für dich die spannendsten Ausflugsziele zusammengestellt. Die meisten Orte liegen außerhalb der Spaziergänge, deshalb steht immer dabei, wie du dort hinkommst.

Übrigens: Diese beiden Kinder und die Möwe begleiten dich durch das Buch. Schau unterwegs doch ab und an mal in die Luft. Vielleicht siehst du echte Möwen am Himmel!
Viel Spaß in Hamburg!

HAMBVRGVM

Eine kleine Geschichte der Stadt

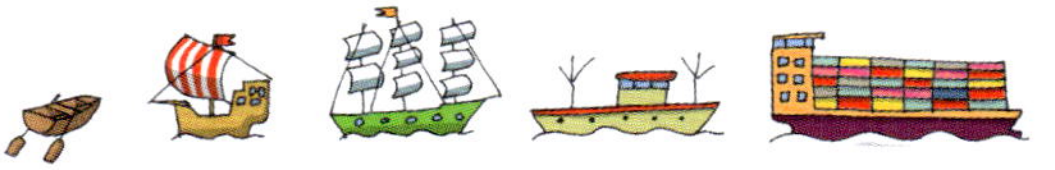

Die Burg am Ufer

Mit einer Burg fängt alles an. Die Franken bauen um das Jahr 830 die Hammaburg an die Alster. Der Name bedeutet so viel wie »Burg am Flussufer«. Vorher stand an diesem Ort ein Dorf der Sachsen, aber die Franken unter Kaiser Karl dem Großen reißen alles nieder und bauen an diese Stelle ihre Festung. Von hier aus wollen sie den Norden missionieren: Alle Menschen, die noch an die germanischen Götter wie Thor und Odin glauben, sollen zum Christentum übertreten. Der Benediktinermönch Ansgar soll dabei helfen, er wird zum ersten Hamburger Erzbischof ernannt.

Doch so einfach klappt das Missionieren nicht: Aus Dänemark kommen die Wikinger, die vom neuen christlichen Glauben nichts wissen wollen. Sie verjagen Bischof Ansgar und zerstören die Hammaburg. Kein schöner Start für die künftige Großstadt. Die Burg aber ziert bis heute das Hamburger Wappen.

Es dauert 100 Jahre, bis ein neuer Erzbischof namens Adaldag sich daran macht, die Siedlung wieder aufzubauen. Er lässt eine neue Burg errichten, außerdem Häuser, in denen sich Handwerker und Kaufleute niederlassen. Diesmal geht alles gut, um das Jahr 980 leben bereits 500 Menschen in Hamburg.

Ängstlicher Bischof

Doch im Lauf der Zeit gibt es immer öfter Streit. Die Erzbischöfe wollen alles bestimmen, aber die adligen Familien, die hier jetzt auch mitreden wollen, lassen sich das nicht mehr gefallen. Einer der Erzbischöfe baut sich aus Angst vor Angriffen sogar einen eigenen Burgturm. Reste dieser Bischofsburg sind heute noch zu sehen (siehe R 2). Doch auch das nützt nichts: 1070 werden die Erzbischöfe verjagt, die Stadt wird jetzt von den Grafen des Hauses Schaumburg regiert.

Ein gefälschter Freibrief

Ab jetzt wächst Hamburg gewaltig: Neben der »Altstadt« der Erzbischöfe entsteht eine »Neustadt« für Kaufleute und Handwerker. Am 7. Mai 1189 bekommt diese neue Stadt von Kaiser Friedrich Barbarossa einen wichtigen Brief: Er verspricht ihr darin Zollfreiheit für den Handel auf der Elbe und auf See.

Dieser Freibrief ist die Grundlage für Hamburgs späteren Reichtum, deswegen feiert man noch immer jedes Jahr am 7. Mai den Hafengeburtstag. Nur leider verlieren die Hamburger Barbarossas Brief und finden ihn nicht mehr wieder. 1265 schreiben sie sich deshalb sicherheitshalber einfach selbst ein neues Exemplar. Diese Fälschung liegt heute noch im Staatsarchiv.

Auf in die Hanse

Die Hamburger Bürger werden immer reicher und immer selbstbewusster. Im 13. Jahrhundert blüht die Stadt auf. Hamburg hat etwa 5000 Einwohner, ein Rat aus gewählten Adligen, Magistrat genannt, regiert im ersten Rathaus der Stadt. Im Jahr 1321 fassen die Stadträte einen wegweisenden Entschluss. Hamburg wird Mitglied der »Deutschen Hanse«, eines Bundes von Kaufleuten verschiedener Städte. Alle Hansestädte verpflichten sich dazu, einander gegenseitig zu helfen, etwa beim Kampf gegen Seeräuber. Außerdem macht man es einander leichter beim Handel mit allen möglichen Gütern wie Holz, Getreide, Wein oder Stoffen. Die Idee ist genial, und Hamburg profitiert von diesen guten Kontakten enorm.

Robin Hood auf See …

Immer wieder versuchen damals Piraten, die voll beladenen Handelsschiffe zu kapern. Der berühmteste ist Klaus Störtebeker, ein Robin Hood auf See. Seine Seeräubertruppe nennt sich die »Likedeeler«, das ist altes Plattdeutsch und heißt so viel wie »Gleichteiler«. Die Likedeeler geben einen Teil ihrer Beute immer an arme, notleidende Hamburger weiter. Deswegen sind Störtebeker und sein engster Verbündeter Godeke Michels für die kleinen Leute echte Helden. Der Hamburger Magistrat hingegen jagt die Piraten über Jahre hinweg, um sie zu bestrafen.

Der Pirat soll übrigens gern und viel getrunken haben. Das sagt schon sein Name: Störtebeker kommt angeblich von »Stürz den Becher«.

… und sein trauriges Ende

1401 wird Störtebeker in der Nähe der Insel Helgoland doch noch erwischt. Der Magistrat kennt keine Gnade:

Am 20. Oktober 1401 wird er auf dem Grasbrook geköpft (siehe R 4). Davor ringt er den Stadtobersten aber noch ein letztes Versprechen ab: Diejenigen seiner Leute, an denen er ohne Kopf noch vorbeilaufen würde, sollten freigelassen werden. Der Legende nach hätte der kopflose Störtebeker so noch elf seiner Männer gerettet, doch der Hamburger Magistrat hält sich nicht an sein Versprechen und lässt alle Likedeeler hinrichten.

Im Museum für Hamburgische Geschichte kannst du die Schädel von Störtebeker und Godeke Michels sehen (siehe R 3). Durch die Schädeldecke sind dicke Nägel geschlagen, denn die Köpfe der hingerichteten Anführer wurden damals auf Holzpfähle gespießt – als abschreckendes Beispiel für alle Freunde der Likedeeler.

Hamburg wird dänisch …

Um 1400 gehört Hamburg zum Land Schleswig und Holstein, und das fällt 1459 an den dänischen König. Den Hamburgern gefällt das gar nicht. Immer wieder beschweren sie sich, und schließlich gibt der deutsche Kaiser Maximilian I. im Jahr 1510 nach und macht Hamburg zu einer freien Reichsstadt, die direkt dem Kaiser untersteht.

… und evangelisch

In ganz Europa kommt es zu Kriegen um die richtige Religion. Martin Luther übersetzt die Bibel ins Deutsche, und sein Freund Johannes Bugenhagen verbreitet die neue evangelische Lehre in Hamburg. Aus vielen Ländern flüchten Menschen, die wegen ihres Glaubens verfolgt werden, nach Hamburg. Viele von ihnen sind klug und reich, und weil sie immer noch gute Kontakte in andere Länder haben, gewinnt die Stadt durch ihre neuen Zuwanderer an Macht und Einfluss.

Mauern rund um die Stadt

Weil der Handel zur See immer mehr wächst, verlagert sich der Hafen von der kleinen Alster an die Elbe, denn von hier bietet sich ein besserer Zugang zur Nordsee. Je größer und bedeutender die Stadt wird, desto mehr hat der Stadtrat das Gefühl, Hamburg vor Angreifern schützen zu müssen.

Der dänische König etwa ist immer noch beleidigt, weil Hamburg sich seiner Kontrolle entzogen hat, und deshalb beschließt der Magistrat, die Stadt besser zu befestigen. Zwischen 1616 und 1625 entstehen die neuen Wallanlagen – eine Bastion, die einmal rund um die ganze Stadt verläuft. Und tatsächlich: 1686 steht der dänische König Christian V. mit einem Heer von Soldaten vor den mächtigen Mauern und will Hamburg erobern. Aber der Festungsring bewährt sich, und die Dänen müssen ohne Beute wieder abziehen.

»Freie Stadt«

So stolz und stark fühlen sich die Hamburger, dass sie sogar Handel mit Ländern auf anderen Kontinenten aufnehmen. Das dürfen um 1760 eigentlich nur solche Länder, die eigene Kolonien haben, aber dank der guten Kontakte seiner Kaufleute lässt sich Hamburg diesen Handel einfach nicht verbieten. Im Jahr 1806 ist das alte deutsche Kaiserreich zerfallen, und Hamburg nennt sich jetzt Freie Hansestadt Hamburg. 13 Jahre später wandelt man diese Bezeichnung ab in »Freie und Hansestadt«, und so heißt Hamburg noch immer.

Ein kleiner Mann bringt Angst und Schrecken

Doch dann ist auf einmal Schluss mit der selbstbestimmten Freiheit, und schuld daran ist ein kleiner Mann mit Zweispitz auf dem Kopf: Kaiser Napoleon regiert in Frankreich und will ganz Europa erobern. Seine Soldaten nehmen 1810 die Stadt ein. Sie machen die große Petrikirche zu einem Pferdestall (siehe R 2), plündern Geld und Kunstschätze und töten alle, die sich ihnen widersetzen. Fünf Jahre später ist Napoleon geschlagen. Die Franzosen verbannen ihren Kaiser auf eine einsame Insel, und die Hamburger beginnen, ihre Stadt wieder herzurichten.

Hummel, Hummel!

Für die kleinen Leute ist der Alltag damals hart. Johann Wilhelm Bentz arbeitet um 1820 als Wasserträger. Eimerweise bringt er das Wasser mit einem Tragejoch auf dem Rücken in die Neustadt. Das ist anstrengend, und der sowieso meistens schlecht gelaunte Bentz wird noch missmutiger, als ihn

regelmäßig Kinder aus der Nachbarschaft ärgern. »Hummel, Hummel« rufen sie ihm nach. »Hummer« ist ein Spottname für Gerichtsdiener, die gesuchte Verbrecher fangen sollten. Und weil Bentz die Kinder nie erwischt, ziehen sie ihn mit dem verballhornten Wort »Hummel« auf. So oft, dass Bentz irgendwann für alle nur noch Hans Hummel heißt. Der Wasserträger ist den Ärger schließlich so leid, dass er auf »Hummel, Hummel« nur noch mit »Mors, Mors« antwortet – dieser plattdeutsche Ausdruck meint ein nicht so feines Wort für »Hintern«. Auch heute kann man den Ausdruck »Hummel, Hummel« – »Mors Mors« noch hören, zum Beispiel grölen Fußballfans diese Worte, um ihre Mannschaft anzufeuern. Aber Vorsicht, begrüßen solltest du lieber niemanden so. Dafür haben die Hamburger ein viel kürzeres Wort. Sie sagen einfach »Moin«.

Der große Brand

Als sich die Stadt von Napoleons Herrschaft erholt hat, geht es wieder aufwärts. Die alten Bastionen werden zu Grünanlagen, der Handel kommt erneut in Schwung, und 1841 wird die Hamburger Börse eröffnet. Doch nur ein Jahr später passiert die große Katastrophe: Am 5. Mai 1842 bricht in der Deichstraße ein Brand aus, der die Innenstadt fast komplett zerstört (siehe R 5). Fast 80 Stunden brennt die Stadt, 1800 Häuser fallen den Flammen zum Opfer. Die Feuerwehr ist überfordert, und viele Hamburger sind so geschockt und von Angst getrieben, dass sie nur das Nötigste zusammensuchen und fliehen, statt bei den Löscharbeiten zu helfen.

Um die Flammen zu stoppen, beschließen die Stadtoberen, das alte Rathaus an der Trostbrücke in die Luft zu sprengen, doch selbst das hilft nicht. Erst frühmorgens am 8. Mai erlischt das Feuer. Tote werden aus den Häusern getragen, in den Kirchen, die noch stehen, läuten die Glocken. Ein Großteil des alten Hamburg liegt in Schutt und Asche.

Eine neue Stadt entsteht

Als die Schockstarre überwunden ist, beginnen die Hamburger wieder einmal mit dem Aufbau. Es entsteht eine moderne Stadt nach den fortschrittlichsten Ideen der Zeit. Von kleinen, engen Straßen will man nichts mehr wissen, stattdessen wird der Schutt zu großen, breiten Dämmen für neue Straßen aufgehäuft. Berühmte Architekten wie Gottfried Semper und Alexis de Chateauneuf entwerfen den großzügigen Rathausmarkt.

Abfahrt in die Neue Welt

Während ein Teil von Hamburg sich neu erfindet, leiden viele Menschen Not und Elend. In vielen größeren Städten sterben alte Berufe aus, weil Maschinen in Fabriken diese Arbeiten übernehmen. Es ist die Zeit der Industrialisierung. Viele Menschen halten es in ihrer Heimat nicht mehr aus und sehen nur noch eine Chance: Sie wollen ein neues Leben in der »Neuen Welt« anfangen und brechen nach Amerika auf. Der Weg dahin führt übers Meer, und die Hafenstadt Hamburg wird überschwemmt von diesen Auswanderern. Für die meisten von ihnen ist es die erste Reise überhaupt, sie sind zuvor noch nie irgendwo anders als an ihrem Heimatort gewesen. Wenn sie nach einer anstrengenden Reise am Hamburger Hafen ankommen, müssen sie dort wochenlang auf einen Platz auf einem der kleinen hölzernen Segelschiffe warten. 70 bis 100 Tage sind diese Schiffe von Hamburg aus nach Amerika unterwegs, die Passagiere werden wie Frachtgut behandelt. An Bord müssen sie selbst für ihren Proviant sorgen, und das Trinkwasser ist knapp.

Die Hapag macht Dampf

Im Konferenzraum der Hamburger Börse setzen sich im Mai 1847 Reeder und Kaufleute zusammen und gründen die Hamburg-Amerikanische Packetfahrt-Actien-Gesellschaft, kurz Hapag genannt. Diese neue Schifffahrtslinie soll die Auswanderer zuverlässiger und komfortabler von Hamburg nach New York bringen. Jeder an Bord, so wird geworben, soll ein eigenes Bett bekommen. Natürlich erhoffen sich die Unternehmer davon auch ein gutes Geschäft – und tatsächlich ist die Hapag 50 Jahre später die größte Reederei der Welt. Die Passagierschifffahrt und der Seehandel spülen reichlich Geld in die Kassen der Kaufleute und Reeder. Ihre neuen Dampfschiffe fahren hinaus auf alle Ozeane. Hamburg ist stolz auf seine Sonderstellung als Freie Stadt in Deutschland.

Kompromiss für den Kanzler

Als aber ab 1871 der Reichskanzler Otto von Bismarck das neue Deutsche Reich zusammenhält, hat dieser wenig Lust auf die Extratouren der Hamburger. Die Stadt soll sich wie alle anderen auch an die deutschen Gesetze halten. Am Ende findet man einen Kompromiss: Hamburg wird Mitglied im Deutschen Zollverein, behält aber eine eigene zollfreie Zone: den Freihafen. Der wird 1888 eingeweiht und ist für die Hamburger eine solche Goldgrube, dass man ohne zu zögern einen ganzen Stadtteil abreißt, um dort die Speicherstadt zu bauen: den weltgrößten Komplex von Lagerhäusern (siehe R4). Hamburgs Hafen wird der größte in Deutschland. Man nennt ihn das »Tor zur Welt«. Dieser Beiname hat sich bis heute gehalten, und die Hamburger beziehen ihn gerne gleich auf ihre ganze Stadt.

Pesthöhlen ...

Obwohl die Stadt immer reicher und mächtiger wird, leben viele Hamburger in schrecklicher Armut und engen, dunklen Kellerwohnungen. Es gibt keine Kanalisation, kein fließendes Wasser. Krankheiten breiten sich aus. Im heißen Sommer 1892 sterben über 8000 Hamburger an der Cholera. Schuld daran ist schmutziges Trinkwasser, das die Menschen sich direkt aus der Elbe holen.

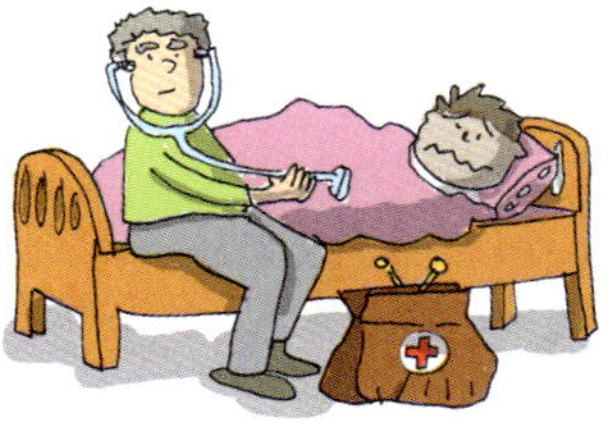

Andere Städte haben bereits Filteranlagen, um das Flusswasser zu säubern, aber der Hamburger Stadtrat hatte dafür kein Geld ausgeben wollen. Die Seuche breitet sich so schnell aus, dass die Ärzte ratlos sind. Sie rufen Robert Koch, den Direktor des Hygienischen Instituts in Berlin, zu Hilfe. Der ist geschockt, als er die Wohnungen in den engen, dunklen Vierteln der Innenstadt sieht. Das seien die reinsten »Pesthöhlen«, sagt er zu Hamburgs Stadtoberen, und dann schmettert er ihnen noch einen Satz entgegen, der bis heute berühmt ist: »Meine Herren, ich vergesse, dass ich in Europa bin.«

... und ein Prunkbau

Nur ein paar Straßen von den Seuchenkranken entfernt wird schon seit 1886 am wichtigsten Bau der Stadt gearbeitet. Das neue Rathaus entsteht, Künstler aus ganz Deutschland arbeiten an der prächtig verzierten Fassade mit, und im Herbst 1897 wird schließlich die Einweihung gefeiert. Bis heute ist es der zentrale Prunkbau der Stadt (siehe R2).

Ein Zoo ohne Käfige

Frei laufende Löwen? Echte Tiger, nur durch einen Wassergraben von den Menschen getrennt? Die Hamburger können nicht fassen, was ihnen der Tierhändler Carl Hagenbeck 1907 in seinem neu eröffneten Park zeigt. Hagenbecks »Zukunftstierpark« ist der erste Zoo der Welt ohne Käfige und Gitterstäbe – eine echte Sensation. Könige und Wissenschaftler kommen in den Vorort Stellingen, um die neue Idee zu bestaunen. In einem riesigen Garten mit Seen und künstlichen Bergen leben die Tiere in Gehegen, die – soweit es geht – ihrem natürlichen Lebensraum entsprechen.

Ein Löwe als Lebensretter

Während in anderen Zoos wilde Tiere damals mit brutaler Gewalt gefügig gemacht und in enge Käfige gepfercht werden, setzt Hagenbeck auf seine eigene Methode: Mit der »zahmen Dressur« baut er eine enge Beziehung zwischen Mensch und Tier auf. Sein Lieblingslöwe Triest rettet ihm sogar das Leben, als Hagenbeck im Freigehege stolpert und sich andere Raubtiere auf ihn stürzen wollen. Als Erinnerung daran liegt heute ein bronzener Triest auf dem Grab des Zoodirektors auf dem Ohlsdorfer Friedhof.

Hast du schon einmal eine Giraffe gefüttert? Oder Pinguinen auf Eisschollen in die Augen gesehen? All das geht in Hagenbecks Tierpark. Aber Achtung: Bei den Pinguinen ist es fast so kalt wie in der Antarktis.

Der Krieg ist verloren …

1914 bricht der Erste Weltkrieg aus. 40.000 Hamburger sterben in diesem Krieg, und als Deutschland 1918 besiegt ist, muss die Stadt beinahe ihre gesamte Handelsflotte als Entschädigung für die Kriegsschäden abgeben – das trifft die Kaufleute hart. Dennoch lassen sie sich nicht kleinkriegen und versuchen, zu alter Stärke zurückzufinden. In der Innenstadt entstehen die mächtigen Kontorhäuser aus dunkelroten Klinkersteinen, der Unternehmer Henry Brarens Sloman, damals der reichste Hamburger, baut zwischen 1922 und 1924 das zehnstöckige riesige Chilehaus, das an ein gewaltiges Schiff erinnert (siehe R 5).

… und das Geld nichts mehr wert

Kannst du dir vorstellen, dass deine Eltern dein Zimmer mit Geldscheinen tapezieren, weil das billiger ist, als Tapeten zu kaufen? Oder dass du auf einen Brief eine Marke für zehn Milliarden Euro klebst? 1923 ist das

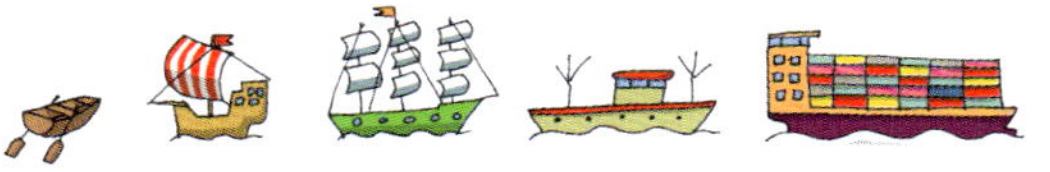

in Hamburg Alltag: Das deutsche Geld ist nichts mehr wert. Deshalb können die Leute von ihrem Lohn nichts mehr kaufen, die Wirtschaft liegt am Boden.

Bombenhagel im Zweiten Weltkrieg

Die Partei der Nationalsozialisten unter Adolf Hitler verspricht den Deutschen einen Ausweg aus der Krise und führt dabei das ganze Land ins Verderben. Hitler und seine Anhänger hetzen die Bevölkerung gegen die Juden auf, die in Hamburg eine große Gemeinde haben. Sie verfolgen und töten Millionen Juden in ganz Europa. Jeder, der gegen ihre Partei ist, wird ins Gefängnis geworfen oder umgebracht. 1939 beginnt Deutschland unter Hitlers Führung den Zweiten Weltkrieg, und die Bomben der Kriegsgegner legen große Teile Hamburgs in Schutt und Asche. Die Hälfte aller Häuser werden zerstört, 55.000 Hamburger sterben bei den Bombenangriffen. Am 3. Mai 1945, fünf Tage bevor der Krieg endgültig zu Ende ist, erklärt sich Hamburg besiegt. Nur ein Trümmerhaufen ist von der stolzen Hansestadt übrig geblieben. In harter Arbeit bauen alle, die den Krieg überlebt haben, Hamburg wieder auf.

Wenn du in der Stadt unterwegs bist, siehst du auf den Gehsteigen immer wieder kleine golden glänzende Pflastersteine. Jeder einzelne dieser mehr als 4000 »Stolpersteine« erinnert an einen Hamburger, der Opfer der Nationalsozialisten geworden ist.

Weltberühmte Pilzköpfe

Eine Band aus England tritt im Sommer 1960 in einem Musik-Club in St. Pauli auf. Ihre Konzerte sind wüst und laut, so etwas wie diese »Beat-Musik« hatte man vorher noch nicht gehört. Der Club muss geschlossen werden, weil sich die Nachbarn über den Lärm beschweren. Die Gruppe zieht in die nächste Kneipe weiter, und immer mehr Menschen kommen, um den »Beatles« zuzujubeln. Zu Hause in Liverpool kennen sie nur ein paar eingefleischte Fans, aber in Hamburg werden die Musiker berühmt. Von hier aus erobern sie die Welt – mit ihrer Musik, aber auch mit ihrem neuen Stil. Sie alle tragen die gleiche Frisur: Die Haare sind nach unten gekämmt und vorne zum Pony geschnitten. Diese »Pilzkopf«-Frisur wird ihr Markenzeichen, und Millionen Jugendliche ahmen sie nach. Heute zählen die Beatles zu den erfolgreichsten Bands, die es jemals gab.

Land unter

17 Jahre nach Kriegsende hat sich Hamburg wieder aufgerappelt. Die schlimmsten Schäden sind beseitigt, das deutsche Wirtschaftswunder hat der Stadt zu neuem Wohlstand verholfen. Und dann kommt die Flut: Niemand rechnet am 16. Februar 1962 mit einer Katastrophe, als der Wetterbericht einen schweren Sturm ankündigt. Schließlich haben die Elbdeiche doch immer gehalten.

Doch diesmal ist es anders: Der Orkan »Vicinette« schiebt die Nordsee mit so einer Wucht in die Elbmündung, dass ein Deich nach dem anderen bricht. Der Strom fällt aus, die Telefone funktionieren nicht mehr, und niemand hat einen Notfallplan. Im Gegenteil, die Menschen im Norden der Stadt merken gar nicht, was sich ein paar Kilometer weiter südlich in Hamburg-Wilhelmsburg abspielt. Dort sind innerhalb von Stunden 60.000 Menschen vom Wasser eingeschlossen. Sie klettern auf Bäume und Dächer, um nicht von der Flut mitgerissen zu werden. In Windeseile muss eine Rettungsaktion organisiert werden. Soldaten holen schließlich die Flutopfer mit Schiffen und Hubschraubern aus dem Wasser. Mehr als 300 Menschen ertrinken oder erfrieren, und Tausende haben nach der Flut kein Zuhause mehr.

Heute siehst du in Hamburg immer wieder Flutmarken, die den Wasserstand von 1962 markieren. Achte bei deinen Spaziergängen darauf!

Krawall an der Hafenstraße

An der Hafenstraße in St. Pauli stehen 1980 eine Reihe alter, teils verfallener Häuser leer. Junge Leute ziehen hier ein und reparieren Fenster und Dächer, um dort zu wohnen. Denn bezahlbare Wohnungen sind schwer zu finden. Die Häuser gehören ihnen aber nicht, und sie zahlen auch keine Miete. Sie besetzen sie einfach. Und das gibt Ärger. Denn die Stadt will die Häuser abreißen und auf den Grundstücken den Hafenrand ausbauen.

Jahrelang wird gestritten und gekämpft, die Polizei will die Besetzer aus den Häusern werfen, aber die verschanzen sich und bauen Barrikaden. Sie sprühen knallbunte Graffiti und Protestparolen

an die Häuser, die du heute noch sehen kannst (siehe R 6). Der Streit erfasst die ganze Stadt, und es kommt immer wieder zu Krawallen. 1987 einigt man sich doch noch: Die Bewohner bekommen einen Mietvertrag, zehn Jahre später können sie die Häuser sogar kaufen. Grundstücke in dieser Lage sind in Hamburg eine echte Kostbarkeit. Denn die Stadt wächst und wächst, und der Wohnraum wird knapper und teurer.

Eine neue Stadt

Auf der Suche nach einer Lösung für ihr Platzproblem kommen die Hamburger 1996 auf eine pfiffige Idee: Wir bauen uns eine neue Stadt! Hinter der Speicherstadt liegen schließlich noch jede Menge alte Kaianlagen mit leer stehenden Schuppen – altes Hafengelände, das nicht mehr benutzt wird. Und genau dort plant man die neue Hafencity: eine Stadt im Wasser, die auf die alten Kais gebaut werden soll. Die Hamburger Innenstadt vergrößert sich damit um fast die Hälfte, das schafft Wohnraum für 15.000 Menschen und in den Bürohäusern Arbeitsplätze für 35.000 Menschen.

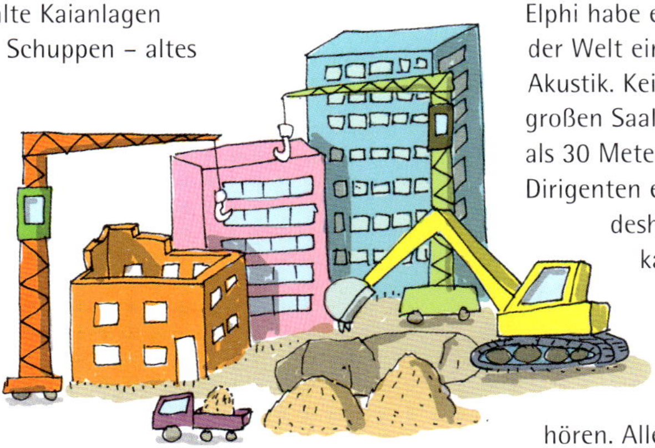

2003 beginnen die Bauarbeiten, es gibt in ganz Europa kein größeres Städtebau-Projekt. Bis die Hafencity komplett ist, wird es allerdings noch ein bisschen dauern (siehe R 4).

Teures Glashaus

Das Haus, das sich die Architekten als Höhepunkt der Hafencity ausgedacht haben, wurde 2017 eröffnet und ist heute weltberühmt: die Elbphilharmonie, von den Hamburgern auch kurz »Elphi« genannt. Wie eine gläserne Krone steht das Konzerthaus auf dem Kaispeicher A, einem alten Lagerhaus (siehe R 4). Die Hamburger sind sehr stolz auf diesen Rekord-Bau, denn Dirigenten und Musiker sagen, die Elphi habe eine auf der Welt einzigartige Akustik. Kein Platz im großen Saal ist weiter als 30 Meter vom Dirigenten entfernt, deshalb kann man überall sehr gut sehen und hören. Allerdings war die Baugeschichte schwierig. Immer wieder gab es Streit, denn die Elbphilharmonie hat am Ende viel mehr gekostet als geplant: Allein die Kosten für die Stadt lagen bei 800 Millionen Euro ...

1. Musik auf dem Turm, dicke Pötte und ein Spaziergang unter Wasser

Vom Michel zum Alten Elbtunnel

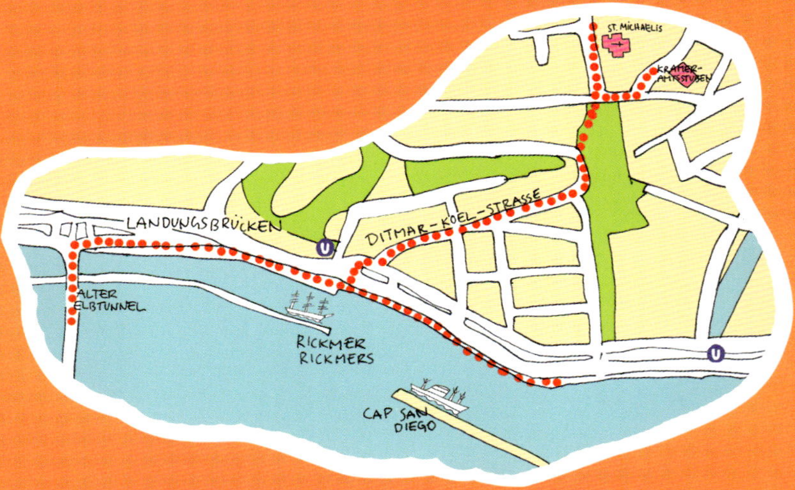

ab: St. Michaelis, U-Bahn Baumwall
bis: Alter Elbtunnel, U-Bahn Landungsbrücken

Kennst du den Michel?

So nennen die Hamburger ihre größte Kirche. Eigentlich heißt sie St. Michaelis, nach dem Erzengel Michael. Über dem Hauptportal kannst du ihn sehen, wie er gegen den Teufel kämpft. Die stolze Kirche von heute ist schon der dritte Michel in Hamburg, der erste war viel, viel kleiner. Damals, um das Jahr 1600, hatten es die Hamburger schwer: Die Pest ging um, es gab Tausende Tote und man brauchte einen neuen Friedhof außerhalb der Stadtmauern. Die kleine Kapelle darauf war der erste Michel.

Genie mit Dreispitz und Degen

Aber die Stadt wuchs immer weiter, rund um den Michel entstand die Neustadt. Viele Hamburger waren in engen, sogenannten Gängevierteln zu Hause. Auch die Kirche wurde zu klein, man baute eine größere – die brannte aber nieder, als in einer Gewitternacht der Blitz einschlug. Die Stadtherren ließen nochmals neu bauen: dieses Mal größer und prächtiger als je zuvor.

Der Baumeister hieß Ernst Georg Sonnin. Er war ein genialer Architekt, aber bekannt dafür, sich stets sehr sonderbar zu kleiden. Immer trug er einen selbst gemachten Dreispitz-Hut auf dem Kopf und hatte einen Degen bei sich, den er aber nie benutzte.

Der Michel ist im Stil des Barock gebaut, das riesige Kirchenschiff ist mit Stuck, Marmor und Gold sehr kunstvoll ausgeschmückt. Sieh dir den prächtigen Innenraum an. Achte dabei auf die reich verzierte Orgel und die marmorne Kanzel.

Teure Gräber

Sonnin hatte sich etwas ganz Besonderes ausgedacht: Das ganze Kirchenschiff war unterkellert. In diesem Krypta genannten Gruftgewölbe konnten die Hamburger sich beerdigen lassen. Reiche Familien bezahlten viel Geld für die besten Plätze in der Mitte. Noch heute kannst du in der Krypta einige Gräber sehen, auch das des Organisten Carl Philipp Emanuel Bach, eines Sohnes des großen Komponisten Johann Sebastian Bach. Auch Sonnin selbst liegt hier begraben.

Er hatte es bei seinen Planungen für den Untergrund der Kirche übrigens nicht bei der Krypta belassen: Es gibt einen geheimen Gang, der noch eine Etage tiefer führt. Dort hatte Sonnin sogenannte Revisionsgänge anlegen lassen. Von ihnen aus konnte man die Grundmauern der Kirche inspizieren – und man stapelte hier leere Särge, bevor sie in der Krypta zum Einsatz kamen. Im Zweiten Weltkrieg retteten sich viele Hamburger vor den Bomben in die verborgenen Gänge.

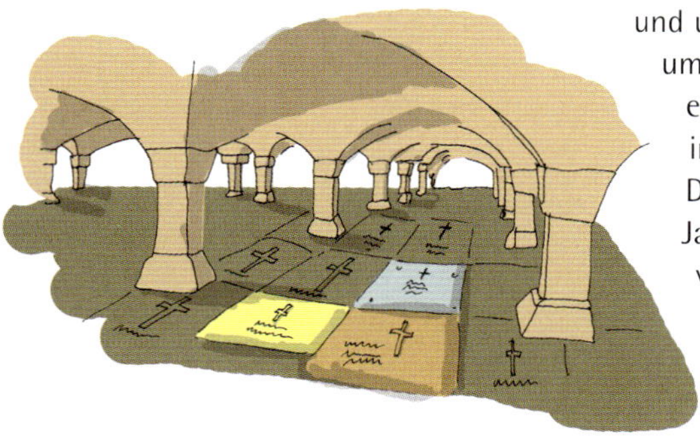

Besichtigen kannst du sie leider nicht. Manche sind zugeschüttet, und es wäre viel zu gefährlich, Besuchern den Zugang zu diesem unterirdischen Labyrinth zu gestatten.

Gleich am Eingang der Krypta siehst du die Zeiger der alten Turmuhr. Die vier Uhren am Kirchturm sind die größten in Deutschland. Der Stundenzeiger ist fast fünf Meter lang. Kannst du schätzen, wie schwer ein einziger Zeiger ist?

Musik vom Turmtüter

Zwei Mal am Tag, um zehn Uhr morgens und um neun Uhr abends (sonntags nur um zwölf Uhr), spielt der Turmbläser einen Choral auf seiner Trompete in alle vier Himmelsrichtungen. Diese Tradition ist schon über 300 Jahre alt, früher war die Musik vom Turm das Zeichen dafür, dass die Stadttore geöffnet beziehungsweise geschlossen wurden.

Der Bläser hat auch einen Spitznamen: Die Hamburger nennen ihn den »Turmtüter«.

Die Aussichtsplattform kannst du mit einem Lift oder zu Fuß erreichen. Letzteres kostet Kraft: Es sind über 450 Stufen. Dafür hast du von dort oben in 82 Metern Höhe einen fantastischen Blick über ganz Hamburg!

Krämer-Witwen
lebten vor 150 Jahren nur ein paar Häuser vom Michel entfernt in einem der wenigen Gängeviertel, die heute noch erhalten sind.

Die »Krameramtsstuben« am Krayenkamp 10 gehörten der Zunft der Krämer, so nannte man damals die Kolonialwarenhändler in den kleinen Tante-Emma-Läden. Hamburgs Handwerker waren schon seit Jahrhunderten in Zünften oder sogenannten Ämtern organisiert. Und wenn ein Krämer starb, dann stellte das Krameramt der Frau des Verstorbenen eine kleine, bescheidene Wohnung zur Verfügung. Nicht ohne Hintergedanken: Aus ihren alten Ladenwohnungen sollten die Witwen schnell ausziehen, damit ein neuer Händler das Geschäft übernehmen konnte.

Eine »Kramerwitwenwohnung« kannst du heute noch besichtigen. Unten ist die winzige Küche, oben die »gute Stube«. Die Treppe ist so schmal, dass du sie besser rückwärts hinuntergehst. Entdeckst du den Nachttopf unter dem Bett? Eine eigene Toilette gab es bei den Witwen nicht. Und auch das Wasser mussten sie vom Brunnen im Hof mit Eimern holen. Erst kurz vor 1900 wurden Wasserleitungen bis in die Wohnungen gelegt.

Balkenwaage und Elle waren die Zunftzeichen des Krameramts. Entdeckst du sie an der Hauswand?

Klein-Portugal an der Elbe

nennen die Hamburger die Gegend um die Ditmar-Koel-Straße, die dich direkt zu den Landungsbrücken am Hafen führt. Ditmar Koel, geboren im Jahr 1500, war ein Seeräuberjäger und Kapitän, der es bis zum Hamburger Bürgermeister gebracht hat.

In Portugal war er aber dennoch niemals, der Name kommt daher, dass es hier sehr viele portugiesische und spanische Cafés gibt. In den 1960er und 1970er Jahren zogen viele Spanier und Portugiesen in diese Gegend und fanden Arbeit am Hafen.

Heute wohnen die meisten von ihnen nicht mehr hier im Stadtteil, aber ihre Cafés, die Pastelarias, sind geblieben. Spezialität sind die Natas, kleine Küchlein mit Vanillepudding, die du probieren solltest.

Hamburgs stolzesten Windjammer

siehst du schon von Weitem: die »Rickmer Rickmers«. Mit dem Kapitän zählte die Mannschaft an Bord gerade mal 26 Mann. Das war eine kleine Segelboot-Besatzung, die für damalige Verhältnisse große Lasten über die Ozeane schiffte: Bis zu 3000 Tonnen Ladung passten auf und unter Deck. Im Vergleich zu heute ist das sehr wenig. Ein durchschnittliches gut beladenes Containerschiff läuft den Hamburger Hafen mittlerweile mit 100.000 Tonnen Ladung an.

Ihren Namen hat die »Rickmer Rickmers« vom Enkel des Gründers der Rickmers-Werft. Der kleine Rickmer war erst vier Jahre alt, als er zum Namenspatron des stolzen Dreimasters wurde. Er stand auch Pate für die Galionsfigur. Entdeckst du den kleinen Jungen am Bug?

Als die »Rickmer Rickmers« 1896 vom Stapel lief, war die große Zeit der Frachtensegler eigentlich schon vorbei. Dampfschiffe machten den Segelbooten Konkurrenz. Sie brauchten zwar mehr Besatzung und mussten kostbaren Laderaum für Maschinen und Kohlevorräte opfern. Aber sie waren schneller, deswegen war der Niedergang der Frachtsegler nur eine Frage der Zeit.

Weißer Schwan des Südatlantiks

– diesen schönen Kosenamen gab die Reederei Hamburg Süd ihrer »MS Cap San Diego«. Sie liegt ein Stück neben der »Rickmer Rickmers« und ist der größte seetüchtige Museumsfrachter der Welt. Von 1962 bis 1981 war er rund 120 Mal zwischen Deutschland und Südamerika unterwegs.

Geladen hatte der weiße Koloss auf der Hinfahrt meistens Maschinen oder Autos, zurück an die Elbe brachte er Kaffee, Fleisch und so viele Bananen, dass man die »Cap San Diego« auch »Bananendampfer« nennt. Sogar lebende Kühe waren oft Teil der Fracht, und es kam vor, dass auf dem Schiff Kälber geboren wurden. Eine Hin- und Rückfahrt dauerte 60 Tage, und meistens sahen sich die Männer der Mannschaft am Tag der Abfahrt zum ersten Mal.

Die gesamte Crew zählte 23 Mitglieder. Auch Passagiere durften mit an Bord, allerdings höchstens zwölf. Für die aber gab es sogar einen eigenen Pool.

Alltag an Bord

Jeder kann das Schiff heute besichtigen: Unter Deck siehst du die kleinen Kajüten der Seeleute. Alle Tische und Regale haben hochgezogene Kanten, damit bei Seegang nichts herunterrutschte. Die Matrosen mussten auf engstem Raum zusammenleben. Einzelkabinen hatten nur der Kapitän, die Offiziere und andere wichtige Männer an Bord. Etwa der Küper: Er war dafür zuständig, die Essensrationen einzuteilen. Mit ihm stellte man sich besser gut, denn er bestimmte, ob es drei Wochen keinen Nachtisch gab oder aber eine Extraportion Fleisch für alle und danach noch Pudding.

Der »saubere Max«

war an Bord für die schmutzige Wäsche zuständig. Traditionsgemäß war er immer ein Chinese, der Max gerufen wurde (auch wenn er gar nicht so hieß). Die wirklich verdreckten Sachen der Männer aus dem Maschinenraum nahm Max allerdings nicht an, darum mussten sich die »Schmierer« selbst kümmern. Er reinigte nur Uniformteile, Handtücher und Bettwäsche, und wer mehr saubere Wäsche wollte, musste bei Max extra dafür bezahlen.

Auch andere Männer an Bord hatten Spitznamen: Der Zimmermann hieß »Holzwurm«, den Elektriker nannte man »Kabel-Ede«. Findest du ihre Kammern an Bord?

»Grooooße Hafenrundfahrt!«,

rufen die Verkäufer an den Landungsbrücken, um Passagiere an

Bord ihrer Barkassen zu lotsen. Wenn die Elbe links von dir liegt, gehe die Landungsbrücken entlang, bis du zu einem Gebäude mit Kuppeldach kommst. Hier kannst du zu einem Spaziergang unter Wasser aufbrechen.

Ein Tunnel unter der Elbe

– das schien dem Hamburger Senat die einzige Lösung. Denn Hamburg hatte um 1900 ein gewaltiges Verkehrsproblem. Der Hafen auf der Südseite der Elbe wuchs und wuchs. In den Docks, Lagern und Werften waren immer mehr Menschen beschäftigt, die auf dem Weg zur Arbeit die Elbe queren mussten. Die Fähren waren dem Ansturm aber längst nicht mehr gewachsen, außerdem konnten sie bei Nebel, Sturm oder Eis nicht fahren.

Die Arbeiter mussten dann einen langen Umweg über die Elbbrücken auf sich nehmen – und bekamen weniger Lohn, wenn sie zu spät kamen.

Vier Jahre lang wurde an dem neuen Tunnel gebaut. Ein gefährliches Projekt: Man fürchtete, Wasser oder Erde könnten in die Baustelle eindringen. Viele Arbeiter litten unter der »Taucherkrankheit«, sie fielen auf dem Weg von der Baustelle nach Hause in Ohnmacht. Im Herbst 1911 war der Tunnel schließlich vollendet, seine Einweihung war eine Sensation.

Spaziergang unter Wasser

Zu seinem 100. Geburtstag wollte man den Alten Elbtunnel sanieren – und merkte schnell, dass das viel aufwendiger sein würde als gedacht. Früher fuhren etwa Autos mit einem Fahrstuhl runter in den Tunnel, jetzt aber dürfen sie hier nicht mehr fahren, Fußgänger und Radfahrer aber schon: Sie haben ihre eigenen Lifte, die sie 21 Meter in die Tiefe bringen.

Vom Eingang in St. Pauli bis zum Ende des Tunnels auf der Elbinsel Steinwerder sind es genau 426 Meter. Allerdings solltest du daran denken, dass du auch wieder zurückmusst. Ein Schild weist dich auf die Tunnelmitte hin, dort fließt das Wasser der Elbe gerade mal sechs Meter über der Tunneldecke. Am besten du kehrst hier um und lässt dich vom Aufzug wieder an die Erdoberfläche bringen. Dann fließt die Elbe wieder direkt neben dir – statt über deinem Kopf.

Siehst du die Reliefs an den Tunnelwänden? Sie zeigen Tiere, die im Wasser leben, vom Delfin bis zum Seestern. Nur auf einem der Bilder steht kein Tier im Zentrum. Was ist es, und wer macht sich daran zu schaffen?

2. Eine Burg unter der Erde und eine Pudeldame auf dem Dach

Von St. Petri bis St. Nikolai

ab: Kirche St. Petri, U-Bahn Mönckebergstraße
bis: St. Nikolai, U-Bahn Rödingsmarkt

Sankt Peters uralter Löwe

Kannst du dir vorstellen, dass ein Löwe 600 Jahre alt wird? Der bronzene Löwe am Hauptportal der Petrikirche hat sogar noch mehr Jahre hinter sich. Er gilt als das älteste Kunstwerk von Hamburg und entstand vermutlich im Jahr 1342. Die Schrift, die rings um den Türzieher verläuft, erzählt, dass in diesem Jahr der Grundstein für den Kirchturm gelegt wurde. Auf der rechten Seite der Tür prangt ein ähnlicher, aber viel jüngerer Löwenkopf.

Siehst du die Unterschiede zwischen den beiden Löwenköpfen?

St. Petri ist die älteste der fünf großen Hamburger Stadtkirchen. Der erste Vorgänger des heutigen Baus wurde schon vor 1200 Jahren errichtet. So wie du die Kirche heute siehst, steht sie aber erst seit gut 150 Jahren.

Der Innenraum ist eher schlicht gehalten, aber schau einmal nach oben: Der Architekt Alexis de Chateauneuf hat hier 1849 ein faszinierendes Deckengewölbe geschaffen. Manchen Besuchern wird schwindlig, wenn sie zu lange nach oben schauen.

Entdeckst du die Marienstatue, die das Jesuskind im Arm hält? Sand liegt zu ihren Füßen, und meistens stecken darin brennende Kerzen, die Kirchenbesucher angezündet haben. Manche schreiben auch ihre Wünsche und Gebete mit den Fingern in den Sand. Weil die Petrikirche mitten in der Innenstadt liegt, wo kaum jemand wohnt, ist ihre Gemeinde sehr klein. Trotzdem kommen pro Tag rund 1500 Menschen in die Kirche. Die meisten sind auf der Suche nach ein bisschen Ruhe – ein stillerer Ort als St. Petri ist in der City kaum zu finden.

Grausige Weihnachten

An einen ganz besonderen Winter erinnert ein Bild in der Kirche. Damals, im Jahr 1813, hatten die Truppen des französischen Kaisers Napoleon die Stadt belagert. Und um die Hamburger zu demütigen, stellten sie ihre Pferde in der Petrikirche unter und machten das Gotteshaus zum Stall.

Die französischen Soldaten trieben außerdem Hunderte von armen Hamburgern in die Kirche und jagten sie ausgerechnet an Heiligabend aus der Stadt.

Findest du das Gemälde »Weihnachten 1813 in St. Petri« von Siegfried Detlev Bendixen? Es zeigt die verzweifelten Hamburger und hängt an einem Pfeiler zwischen dem Süd- und dem Hauptschiff.

Hamburgs gute Stube

Nächste Station ist der Rathausmarkt, du kannst ihn von der Petrikirche aus schon sehen. Der Platz entstand nach italienischem Vorbild, er sollte an den Markusplatz in Venedig erinnern. Wenn man vor dem Rathaus steht und auf den von eleganten weißen Arkaden gesäumten Alsterlauf mit den Schwänen blickt, dann fühlt sich das tatsächlich ein wenig so an, als sei man in Italien.

Wusstest du, dass die rund 120 Hamburger Schwäne einen ganz besonderen Betreuer haben? Die Stadt hat einen »Schwanenvater« angestellt. Er kümmert sich zum Beispiel darum, dass die Tiere im Herbst in ihr eisfreies Winterquartier im Eppendorfer Mühlenteich kommen.

Prachtbau im Schlamm

Das Rathaus ist der prunkvollste Bau der Stadt. Es ist schon das sechste Rathaus in Hamburg, alle Vorgänger wurden zu klein oder zerstört. Das aktuelle ist dafür umso größer. Es hat 647 Räume. Das sind mehr Zimmer als der Buckingham Palast des englischen Königshauses in London aufzuweisen hat. Als sich die Bauherren 1886 nach jahrelangen Streitereien endlich auf einen Platz für ihr Prestigeprojekt einigten, da war ausgerechnet hier der Boden dafür gar nicht geeignet: nur Schlamm und Morast. Die Ratsherren ließen sich davon nicht schrecken: 4000 Pfähle

wurden in die Erde getrieben, um darauf ein Fundament errichten zu können.

Das Rathaus ist auch deswegen so groß, weil nicht nur der Bürgermeister und seine Senatoren hier ihre Büros haben, sondern auch die Bürgerschaft hier tagt. Sie ist das Hamburger Landesparlament, denn Hamburg ist einer der drei Stadtstaaten unter den 16 deutschen Bundesländern. Das bedeutet, dass Hamburg in manchen Bereichen eigene Gesetze machen kann, zum Beispiel in der Schul- oder in der Kulturpolitik.

Große Köpfe

Die Fassade des Rathauses ist so üppig verziert, dass du genau hinschauen musst, um die einzelnen Elemente zu erkennen. Zwanzig Kaiser- und Königsfiguren aus Bronze thronen zwischen den Fenstern

im ersten Stock. Links und rechts vom Balkon stehen zwei der prominentesten: Karl der Große und Kaiser Friedrich I., genannt Barbarossa.

Kannst du dir denken, woher Friedrich I. seinen Spitznamen hatte?

Jeder darf ins Rathaus hinein, zumindest in die Eingangshalle, die Rathausdiele heißt. An den 16 dicken Marmorsäulen prangen Bilder von berühmten Hamburgern wie Heinrich Hertz oder Gotthold Ephraim Lessing.

Zwei Treppen führen von hier zu den beiden Flügeln. Aber: Der Aufgang zum Senat ist sehr viel prachtvoller verziert als der zur Bürgerschaft. Schließlich werden dort Staatsbesuche empfangen, und gegenüber den Gästen will man heute wie damals Macht und Reichtum demonstrieren.

Arme Kinder und ein Schatz

Das Rathaus birgt sogar einen echten Schatz. Er besteht aus Pokalen, kostbaren Schüsseln und Silberbesteck. Seit 500 Jahren machen Bürgermeister und Senatoren, die ihre Ämter abgeben, der Stadt zum Abschied ein Präsent.

Viele schenkten etwa einen Satz Tafelsilber, in das sie ihre Initialen eingravieren ließen.

Ein Zimmer im Rathaus wurde von Kindern ausgeschmückt. 80 Hamburger Waisenkinder arbeiteten fünf Jahre daran, einen Raum mit kunstvollen Schnitzereien zu dekorieren. Angeblich sollen sie dafür bezahlt worden sein. Manche der acht- bis 14-Jährigen erhielten durch diese Arbeit sogar eine gute Ausbildung im Tischlerhandwerk. Die geschicktesten Kinder durften ihre Namen in die Türen einritzen. Betreten kannst du das »Waisenzimmer« aber nur, wenn du bei einer Rathausführung mitmachst.

Die Göttin und der Drache

Verlasse die Rathausdiele jetzt Richtung Ehrenhof. Dieser Innenhof liegt genau zwischen dem Rathaus und der alten Börse, in der heute die Handelskammer ihren Sitz hat. In der Mitte steht ein großer Brunnen, der Hygieia gewidmet ist, der griechischen Göttin der Gesundheit. Er erinnert an die Cholera-Epidemie im Jahr 1892 (siehe Geschichte, S. 15). Tausende Hamburger kamen damals ums Leben. Wenn du dir den Brunnen näher ansiehst, erkennst du, dass Hygieia aus einer Schale frisches Wasser gießt, während sich ein besiegter Drache kraftlos um ihre Beine windet.

Kannst du dir vorstellen, was der Drache symbolisieren soll?

Selbstbewusste Pfeffersäcke

Noch bevor das Rathaus stand, wurde 1841 die Börse feierlich eingeweiht. Dass diese beiden Zentren von Wirtschaft und Politik so dicht beieinander liegen, ist kein Zufall.
Die Hamburger Kaufleute – auch »Pfeffersäcke« genannt, weil viele von ihnen durch den Handel mit Gewürzen reich geworden waren – kannten ihren Einfluss. Sie hatten nichts gegen

ein schickes Rathaus, aber es sollte bitteschön nicht die eigene Macht schmälern. Und die Senatoren wussten sehr genau, dass sie ihre Politik nur mit Unterstützung der reichen Kaufleute durchsetzen konnten. Kurze Wege kamen deshalb beiden Seiten sehr gelegen.

Sieh dir die Fassade des Börsenbaus einmal genauer an! Die großen Rundbogenfenster im ersten Stock sind den verschiedenen Kontinenten gewidmet. »Wir kennen die ganze Welt und handeln mit ihr«, wollten die Bauherren damit selbstbewusst verkünden.

Die Hamburger Kaufleute hatten Kontakte in die ganze Welt und entdeckten dabei viele für sie exotische Dinge. Weißt du, was zu welchem Kontinent gehört?

Entdeckst du den kleinen gehörnten Waldgeist am Rand des Brunnens? Er hält eine Muschel in der Hand, die aufs Rathaus gerichtet ist. Der Legende nach soll er im Auftrag der Ratsherren die Kaufleute in der Börse belauscht haben.

Die Patrioten …

Wenn das Rathaus links und die Börse rechts von dir liegen, biege nach rechts auf die Große Johannisstraße ab und gehe kurz danach links über die Börsenbrücke weiter bis zur Trostbrücke. Hier befand sich früher das alte Rathaus. Es wurde beim großen Brand im Mai 1842 gesprengt, weil man hoffte, das Feuer dadurch aufhalten zu können. An seiner Stelle steht das Gebäude der Patriotischen Gesellschaft. Als diese vor rund 250 Jahren gegründet wurde, hatte das Wort »patriotisch« noch eine andere Bedeutung als heute. Es hieß so viel wie »gemeinnützig«, und die Gesellschaft machte es sich zur Aufgabe, Ideen umzusetzen, die den Bürgern das Leben einfacher machen sollten. Sie richtete zum Beispiel die ersten Briefkästen und die erste öffentliche Bücherei ein, die »Patrioten« brachten auch Blitzableiter nach Hamburg und überzeugten die Leute davon, Kartoffeln anzupflanzen. Lauter Dinge, die heute ganz selbstverständlich wirken, waren damals neu, und es brauchte ziemlich viel Geduld und Durchhaltevermögen, um die Hamburger von solchen Ideen zu überzeugen.

… und die Pudeldame

Schau dir das Haus links am anderen Ende der Brücke an! Siehst du den Pudel oben auf dem Türmchen in der Mitte? Das Gebäude gehörte einst der großen Reederei Laeisz. Sophie, die Frau des Chefs, wurde ihrer Frisur wegen »Pudel« gerufen. So nannte Carl Laeisz auch einen seiner ersten Großsegler, und die Namen aller seiner anderen Schiffe begannen ebenfalls mit P. Seine Flotte wurde als die »Fliegenden Ps« bekannt.

Wie mag Frau Laeisz ausgesehen haben? Male sie in diesen goldenen Rahmen!

Eine Ruine für den Frieden

Bestimmt hast du die riesige Kirchenruine hinter der Brücke schon entdeckt. Von der St.-Nikolai-Kirche steht nur noch der Turm. Der Rest wurde im Zweiten Weltkrieg von Bomben zerstört. Man hat die Kirche ganz bewusst nicht wieder aufgebaut, damit sich alle daran erinnern, wie grausam und schrecklich Krieg ist. Der Turm ist übrigens der drittgrößte in Deutschland: 147 Meter hoch. Nur das Ulmer Münster und der Kölner Dom sind höher. Auf dem Kirchplatz steht eine kleine gläserne Pyramide, hier kannst du in die Krypta hinuntersteigen. Eine Ausstellung erinnert dort an den Bombenhagel, der die Kirche unter sich begrub.

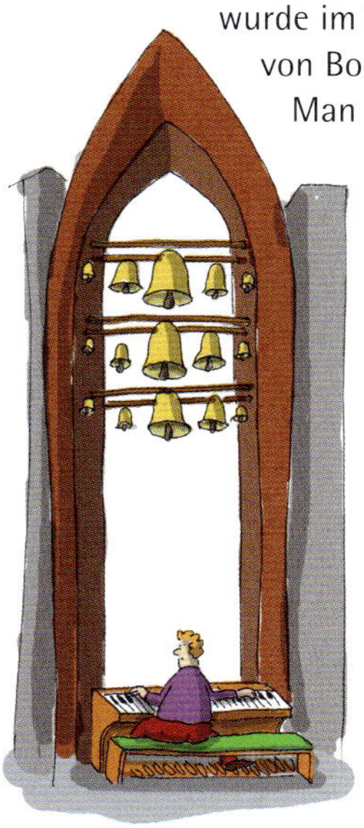

Stokken und Glocken

Weißt du, was ein Carillon ist? – Ein riesiges Glockenspiel. Dort, wo einst die Orgel der Nikolaikirche ihren Platz hatte, ließ man solch ein Carillon anbringen. Es besteht aus 51 Glocken, die zusammen 13 Tonnen wiegen. In ihrer Mitte befindet sich eine gläserne Kabine, in der ein Carilloneur (sprich: Karijonör) mit Händen und Füßen die sogenannten Stokken bedient, die die Glocken dann zum Klingen bringen. Jeden Donnerstag um 12 Uhr kannst du ihm dabei zusehen und -hören (von April bis Oktober auch samstags um 17 Uhr).

Auch zu anderen Zeiten kannst du das Glockenspiel hören: Es schlägt automatisch gesteuert jede Viertelstunde.

3. Piratenschädel und ein Dschungel hinter Glas

Planten un Blomen

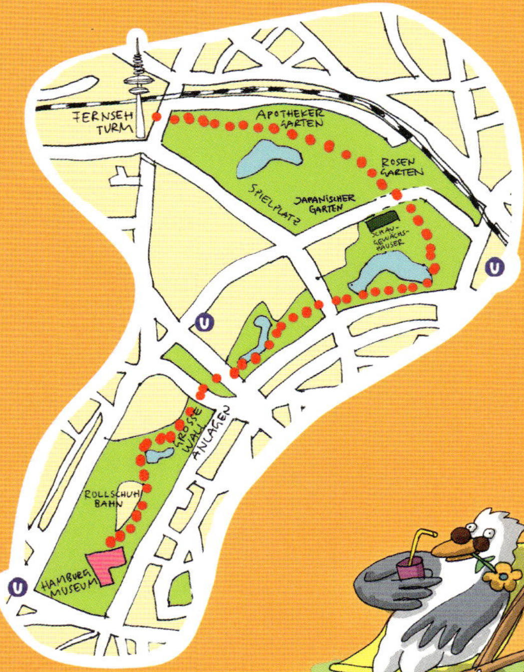

ab: Heinrich-Hertz-Turm, U-Bahn Messehallen
bis: Hamburgmuseum, U-Bahn St. Pauli

Ein weißer Riese

ragt direkt neben den Messehallen in den Himmel: der Heinrich-Hertz-Turm ist mit 280 Metern der höchste Turm der Stadt. Eine Zeit lang konnten Wagemutige von der Aussichtsplattform des Fernsehturms aus an einem Gummiseil einen Bungee-Sprung in die Tiefe wagen, aber heute ist der Turm nicht einmal für Besucher zugänglich, die einfach nur die Aussicht genießen wollen. Das könnte sich aber bald ändern. Es gibt Pläne, den »Telemichel« 2023 wieder für Gäste zu öffnen: Auf der unteren, gemächlich rotierenden Aussichtsplattform soll man dann ein Stück Kuchen essen können, während man in 130 Metern Höhe eine Runde über der Stadt dreht.

Vom Zoo zum Park

Gegenüber dem Turm liegt der Eingang zu einem der schönsten Parks der Stadt. Er heißt Planten un Blomen, und dieser Spaziergang führt dich einmal mitten durch ihn hindurch. Autoverkehr gibt es hier nicht, dafür einen ausgezeichneten Spielplatz, ein Stück Dschungel und ein knallbuntes Fontänenkonzert.

Planten un Blomen ist plattdeutsch. Kannst du dir denken, was der Name auf Hochdeutsch bedeutet?

Vor 150 Jahren, als der Park geplant wurde, ging es weniger um Pflanzen und Blumen als um Tiere. Die Herren im Senat und wichtige Kaufleute beschlossen damals, einen Tiergarten einzurichten. Dafür spendeten reiche Unternehmer zum Beispiel einen Bärenzwinger und einen künstlichen Wasserfall. Allerdings hatte der Zoo wenig Erfolg, denn die meisten Leute gingen lieber in Carl Hagenbecks privaten Tierpark im Stadtteil Stellingen.

Schließlich war dieser der erste weltweit, in dem Tiere ohne Gitterkäfige gehalten wurden (siehe Geschichte, S. 16). Nach einigen Jahren zogen schließlich die letzten Tiere in den Stellinger Zoo um.

Ein Straßenname neben dem Eingang erinnert an diese Zeit. Weißt du welcher?

Wunderbaum und Zaubernuss

»Planten un Blomen« hieß 1935 eine große Gartenausstellung, für die man das Gelände umgestaltete. Der Name ist bis heute geblieben, und seitdem sind hier viele kleine Parks zu einem großen vereint. Erste Station ist der Apothekergarten (Führungen von Mai bis Mitte Oktober, jeden zweiten Sonntag im Monat um 11 Uhr) gleich links von dir. Hinter weißen Mauern wachsen in sieben kleinen Gärten Heilpflanzen für unterschiedliche Bereiche des Körpers. Manche Namen lassen ahnen, dass die Pflänzchen eine besondere Wirkung haben. Die Zaubernuss hilft bei Hautkrankheiten, der Wunderbaum bei Magenschmerzen.

Finde heraus, welche Leiden die folgenden Heilpflanzen kurieren!

· Petersilie ....

· Blutwurz ....

· Sonnenhut ....

Tanzende Fontänen

Folge dem Hauptweg weiter Richtung Parksee. Wenn du genau hinsiehst, erkennst du, dass in der Mitte des Sees kleine Rohre aus dem Wasser ragen. Aus ihnen schießen manchmal Fontänen in die Höhe. Besonders schön ist das im Sommer, wenn hier jeden Abend um 22 Uhr zwischen Mai und Ende September Wasserlichtkonzerte stattfinden (im September beginnen die Konzerte um 21 Uhr). Zu klassischer Musik springt das Wasser vor buntem Licht in die Höhe, als tanzten die Fontänen ein Ballett.

Frage einen Erwachsenen, ob ihr das Konzert zusammen ansehen wollt. Und falls du nur tagsüber unterwegs bist: Du kannst die Fontänen jeden Tag um 14, 16 und 18 Uhr bewundern, dann aber ohne Licht und Musik.

Weiter geht es vorbei am Rosengarten, in dem 300 verschiedene Rosensorten wachsen.

Wegweiser führen dich nach rechts zum japanischen Garten. Dieser Teil des Parkes erinnert an die Städtepartnerschaft zwischen Hamburg und Osaka.

Übrigens: Hamburg heißt auf Japanisch »hanburuku«, ein Hamburger ist ein »hanburokunohito«.

Zeitkapseln und Sonnenuhr

Fällt dir der seltsame Apparat direkt vor dem japanischen Garten auf? Diese Weltsonnenuhr haben Bürger aus Osaka Hamburg geschenkt. Wenn die Sonne scheint, kannst du mit ihr errechnen, wie spät es überall auf der Welt ist. Der Unterbau der Sonnenuhr birgt noch ein besonderes Geheimnis: Hier liegen Zeitkapseln, Gefäße mit Dingen und Texten aus dem Jahr 1976, die nach einem Rezept der alten Ägypter fest verschlossen sind. In den Jahren 2026 und 2076 sollen jeweils neue Dinge dazugelegt und eingemauert werden.

Wer weiß, wer dann in ferner Zukunft die Zeitkapseln einmal öffnen und sich wundern wird?

Welche Dinge würdest du in deine Zeitkapsel tun?

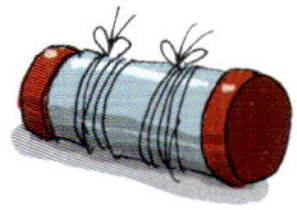

Perfekte Harmonie

Zurück in die Gegenwart: Die Japaner haben eine ganz eigene Gartentradition. Ein perfekter Garten wird dort bis ins letzte Detail gestaltet und geplant.

Nichts wächst wild, alles ist genau aufeinander abgestimmt. Ein japanischer Professor hat jeden einzelnen Findling im Garten nach Form und Größe ausgesucht und aus dem Fichtelgebirge nach Hamburg bringen lassen.

Tee auf den Knien

In der Mitte steht ein japanisches Teehaus, das du besichtigen kannst (Mai bis September, Dienstag bis Samstag, 15 bis 18 Uhr). Solche Teehäuser haben in Japan eine besondere Bedeutung, sie sind ganz schlicht eingerichtet. Wer hier in einer sogenannten Teezeremonie grünen Tee trinkt, muss sich bei jeder Bewegung an strenge Regeln halten. So sitzt man mit geradem Rücken auf den Fersen und darf nicht reden. Dadurch sollen die Teetrinker zu innerer Ruhe finden.

Setz dich einmal in die Position der Teezeremonie. Wie lange fühlt es sich bequem an?

Falls du Lust hast, jetzt die Glieder auszuschütteln: Nur gut hundert Meter entfernt liegt der schönste Spielplatz der Stadt. Wasserspiele, eine Seilbahn, Höhlen und künstliche Berge warten auf dich. Nichts wie hin!

Dschungel unterm Glasdach

Jetzt geht es in den Dschungel – wenn auch in einen gezähmten Dschungel hinter Glas. Folge den Wegweisern zum Alten Botanischen Garten, dann gelangst du direkt zu den Schaugewächshäusern der Hamburger Universität.

Hier ist es angenehm warm, weil die Pflanzen ein tropisches Klima brauchen, um zu wachsen. Offensichtlich klappt das sehr gut: Den Bambus müssen die Gärtner alle paar Tage zurückschneiden, weil er sonst zu schnell an die Decke stößt. Schließlich wächst er bis zu 30 Zentimeter am Tag.

Der Rundgang führt dich auch durch das Palmfarnhaus. Die Pflanzenarten hier sind schon Jahrmillionen alt. Biologen gehen davon aus, dass sich die Pflanzenfresser unter den Dinosauriern von ihnen ernährt haben. Unmengen dieser Sträucher müssen einst auf der Erde gewachsen sein. Bis auf wenige Arten sind sie aber heute längst ausgestorben, deswegen ist die Hamburger Sammlung ein kostbarer botanischer Schatz. Der Name führt allerdings in die Irre: Palmfarne gehören weder zur Familie der Palmen noch sind sie mit den Farnen verwandt. Wer sie ganz korrekt benennen will, benutzt den lateinischen Namen Cycadeen.

Entdeckst du den Seifenbaum? Seine Früchte nennt man übrigens Waschnüsse. Reibt man ihre Schalen mit etwas Wasser in den Händen, bekommt man einen reinigenden Schaum. So wie unten links sieht er natürlich nicht aus. Male ihn in den leeren Topf!

Die alte Festung

Am Ausgang des Gewächshauses gehst du rechts die Stufen hinunter, der Weg führt dich am Wasser entlang in Richtung Wallanlagen. Unter einer Brücke hindurch gelangst du zur früheren Stadtbefestigung. Zwischen 1616 und 1625 wurden hier starke Mauern und tiefe Gräben angelegt, um die Stadt vor Angreifern zu schützen.

Doch eigentlich war der Befestigungsring schon bei seinem Bau nicht wirklich auf der Höhe der Zeit. Im Gegenteil: Die Stadt wurde immer größer und der steinerne Gürtel war dabei eher hinderlich. Trotzdem hatten die Wallanlagen auch ihren Sinn. Die Dänen etwa mussten 1686 wieder abziehen, weil es ihnen nicht gelang, die Stadt einzunehmen (siehe auch Geschichte, S. 12).

Ein Ort für die Gerechtigkeit

Anfang des 19. Jahrhunderts wurden die Wallanlagen zu Grünflächen umgewandelt. Einige Trutzbauten gibt es hier aber dennoch: Rechts von dir siehst du ein mächtiges Gebäude mit Stacheldrahtzaun. In diesem Untersuchungsgefängnis müssen Angeklagte einsitzen, bis sie vor Gericht gestellt werden. Gleich nebenan hat die Hamburger Justiz ihr Hauptquartier: Das Strafgericht, das Oberlandesgericht und das Ziviljustizgebäude liegen ganz dicht beieinander.

Vor dem Oberlandesgericht steht eine Skulptur mit drei wohlgeformten Damen, sie sollen die drei Hansestädte Hamburg, Bremen und Lübeck symbolisieren. Die Frau mit der Hansekogge in der Hand steht übrigens ausnahmsweise einmal nicht für Hamburg, sondern für Bremen.

Weißt du, was der Unterschied zwischen Straf- und Ziviljustiz ist? Zivilgerichte schlichten Streitigkeiten zwischen Privatleuten oder Unternehmen, in Strafgerichtsprozessen gibt es immer einen Staatsanwalt, der die Seite des Staates vertritt.

Auf Rollen unterwegs

Vielleicht hörst du jetzt schon Musik. Die Rollschuhbahn ist ganz nah, und wenn du Lust hast, solltest du dort ein paar Runden drehen.

Der Eintritt ist frei, und Rollschuhe kannst du gegen Gebühr ausleihen. Im Winter wird hier übrigens auf Kufen gelaufen: Von November bis März ist die Rollschuhbahn eine Eisbahn.

Piratenköpfe

Bist du bereit für ein bisschen Grusel nach all dem Grün? Wie wäre es mit zwei von Nägeln durchbohrten

Totenschädeln? Oder einem echten Schiffswrack?

Das Hamburgmuseum liegt nur ein Stück weiter Richtung Süden. Die Schädel von Klaus Störtebeker und seinem Verbündeten Godeke Michels findest du im ersten Stock. Die beiden Piraten führten um 1400 die berühmten »Likedeeler« an (siehe Geschichte, S. 10) und wurden deswegen hingerichtet. Ihre Köpfe nagelte man zur Abschreckung auf Pfähle. Bauarbeiter fanden die Totenköpfe, die heute zu den kostbarsten Ausstellungsstücken des Museums gehören.

Über ein Jahr lang waren sie übrigens nicht zu sehen. Einbrecher hatten Anfang 2010 die Schädel aus dem Museum gestohlen. Die Polizei fahndete mit aller Kraft nach den Totenköpfen und spürte sie tatsächlich 15 Monate später wieder auf. Die Museumsdirektoren waren darüber so froh, dass sie allen Besuchern zwei Tage lang freien Eintritt spendierten.

Ein Wrack aus der Elbe

Spannend ist auch das Schiffswrack, das auf dem Grund der Elbe gefunden wurde. Wahrscheinlich waren im Jahr 1600 Kaufleute damit unterwegs, um mit Kupfer, Stoffen und kostbaren Messern zu handeln. Teile der Ladung kannst du dir heute noch ansehen.

Bitte Türen schließen!

Alles zu bestaunen, was das Museum zu bieten hat, ist kaum zu schaffen. Aber ganz oben im zweiten Stock gibt es eine riesige Modelleisenbahn, die die Strecke zwischen Hamburgs Hauptbahnhof und dem Bahnhof Hamburg-Harburg originalgetreu nachbildet. Lokomotiven und Waggons aus alten Zeiten zuckeln dort über die Schienen.

Nach einem langen Spaziergang ist das genau das Richtige: Jetzt kann sich mal etwas anderes bewegen – und du schaust einfach nur zu.

4. Alte Speicher und die Stadt der Zukunft

Speicherstadt und Hafencity mit Elbphilharmonie

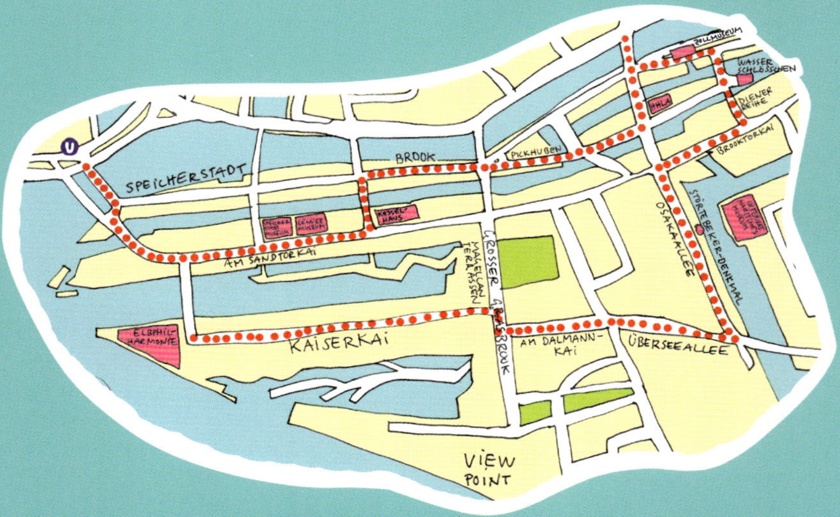

ab: Niederbaumbrücke, U-Bahn Baumwall
bis: Elbphilharmonie, U-Bahn Baumwall

Platz für abertausend Teppiche

Kennst du das größte Teppichlager der Welt? Wenn du vom U-Bahnhof Baumwall Richtung Elbe über die Niederbaumbrücke gehst, dann hast du es links hinter den Neubauten im Blick: die Speicherstadt. Über einen Kilometer ziehen sich die hohen roten Backsteinhäuser am Wasser entlang. Gebaut wurden sie ab 1887 – nicht nur für Teppiche, sondern um dort Kaffee, Tee, Gewürze und viele andere Handelsgüter unterzubringen. Aber weil heute etwa Kaffee meistens im Erntegebiet verarbeitet wird, lagern hier nun besonders viele Orientteppiche. Ein Künstler hat sogar einen auf die Wilhelminenbrücke gemalt, die du jetzt überquerst. Wenn du links in die Straße Am Sandtorkai einbiegst, kannst du mit etwas Glück in einen der Teppichspeicher hineinschauen.

Wie würde ein Teppich in deinen Lieblingsfarben aussehen? Hier hast du Platz, ihn zu malen.

Die alte und die junge Stadt

Der Sandtorkai ist etwas Besonderes. Hier verläuft die Grenze zwischen der Speicherstadt und dem jüngsten Teil Hamburgs, der Hafencity. Du brauchst nur abwechselnd nach rechts und links zu sehen, dann fällt dir sofort auf, dass sich hier zwei ganz unterschiedliche Viertel treffen. Beide wirst du auf diesem Spaziergang kennenlernen.

Großbaustelle Freihafen

Als die Speicherstadt 1912 fertig war, hatte man so einen riesigen Lagerhauskomplex in ganz Europa noch nicht gesehen. 20.000 Menschen mussten sich ein neues Zuhause suchen, ihre Häuser wurden abgerissen, um Platz für die neuen Speicher zu schaffen. Daran kannst du sehen, dass den Hamburgern das Projekt sehr wichtig war. Es sollte ihren Wohlstand sichern.

Hamburg war lange wirtschaftlich unabhängig gewesen, die Kaufleute konnten ihre Waren ein- und ausführen, ohne dafür Zölle zu bezahlen.

Reichskanzler Otto von Bismarck ließ den Hamburgern erst diese Freiheit, aber 1888 verlangte er den sogenannten Zollanschluss Hamburgs. Zähneknirschend mussten sich die reichen »Pfeffersäcke«, so der Spitzname der Kaufleute, fügen. Aber sie handelten sich ein paar Vorteile aus. Der wichtigste war der Bau eines Freihafens mit der Speicherstadt. Dort durften sie ihre Waren weiterhin zollfrei lagern und verarbeiten sowie ein- und ausführen.

Quartiersmann und Consorten

Im Speicherstadtmuseum (Am Sandtorkai 36) erfährst du, wie das Leben am Freihafen organisiert war. Quartiersleute kümmerten sich um den Betrieb der Speicher und nahmen Proben von den Waren, um die Qualität sicherzustellen. Ihr Name kommt vermutlich daher, dass sich immer vier Leute, also ein Quartett, zu einer Quartiermannsfirma zusammenschlossen. Einer gab der Firma seinen Namen, die anderen waren die »Consorten«, abgekürzt »& Cons.«). Solche Namen findest du noch heute an den Schildern der Speicher.

Wie sähe dein Firmenschild aus?

Fegsel und Schmuggel

Weil der Freihafen eine zollfreie Zone war, durften die Hafenarbeiter keine Waren mit nach Hause nehmen. Das wäre Schmuggel gewesen und hätte sie ihren Arbeitsplatz gekostet. Doch es gab ein Hintertürchen: Als ungeschriebenes Recht galt, dass die Arbeiter Waren mitnehmen durften, die aus beschädigten Verpackungen gefallen waren. Solche Kaffee- oder Teemengen nannte man damals Fegsel. Und es kam schon mal vor, dass ein Hafenarbeiter mit dem einen oder anderen Sack Kaffeebohnen besonders ruppig umging, damit der Fegsel ein bisschen größer ausfiel.

Wo wächst der Pfeffer?

Wenn du wissen willst, welche Gewürze in der Speicherstadt früher gelagert wurden, dann solltest du einen Abstecher in »Spicy's Gewürzmuseum« (Am Sandtorkai 34) machen. Hier kannst du dir alle möglichen Düfte von A wie Anis bis Z wie Zimt in die Nase steigen

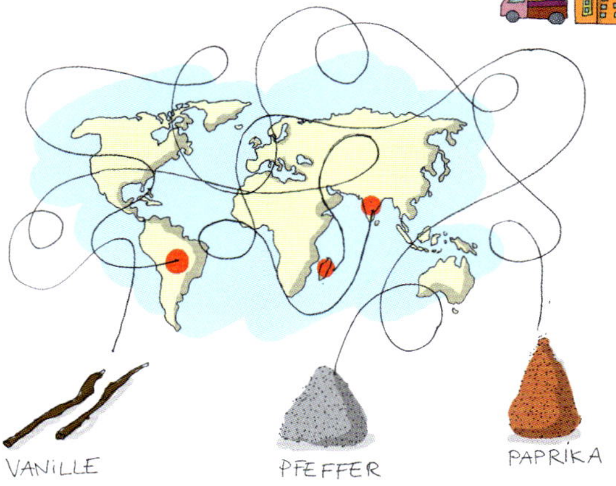

lassen. Hamburg ist übrigens noch heute weltweit der drittgrößte Umschlagplatz für Gewürze.

Kannst du herausfinden, wo Pfeffer, Vanille und Paprika herkommen?

Strom für die Speicher

Biege jetzt links in die Straße Auf dem Sande ab. Direkt am Zollkanal steht das alte Kesselhaus. Früher war es die Energiestation der Speicherstadt. Heizer schaufelten Kohlen in riesige Öfen, um damit die Maschinen der Speicher anzutreiben. Während der Rest der Innenstadt um 1900 noch mit Gaslampen beleuchtet wurde, gab es in der Speicherstadt schon elektrische Straßenlaternen. Im Inneren ist von den alten Öfen nichts mehr zu sehen, dafür kannst du hier eine Zukunftsvision bestaunen: ein riesiges Modell der neuen Hafencity.

Pech für Verbrecher ...

Folge der Straße Brook bis zur Gabelung mit der Straße Pickhuben. Dieser Name bedeutet so viel wie »Pechhaufen« oder »Pechhauben«. Je nachdem ist die Erklärung mehr oder weniger gruselig. »Pechhaufen« weist darauf hin, dass hier einst das Pech gelagert wurde, das man für die Reparaturen der Schiffe brauchte. »Pechhauben« dagegen erinnert daran, dass hier allen zum Tode Verurteilten der Kopf mit Pech bestrichen wurde.

... und ein Palast für die Hafenbosse

Folge der Straße Pickhuben bis zur St.-Annen-Brücke, dort siehst du das prachtvollste Haus des Viertels. Manche Hamburger nennen es auch das »Rathaus der Speicherstadt«, weil es mit seinem Uhrenturm und der reich verzierten Fassade ein bisschen an das Rathaus erinnert. Hier residiert die HHLA, die Hamburger Hafen und Logistik Aktiengesellschaft, sie führt die Geschäfte des Hamburger Hafens.

Gehe links weiter vor bis zum anderen Ende der Kornhausbrücke, die über den Zollkanal führt. An ihr sind zwei große Seefahrer verewigt.

Schreibe ihre Namen unter die Statuen.

Schuften auf Schuten

Direkt neben der Brücke auf der Seite der Speicherstadt lag früher das Zollamt Kornhausbrücke, das die Waren auf den Schuten kontrollierte. Schuten heißen die flachen Kähne, die ein Schiffsmann, der sogenannte Ewerführer, durch die Fleete steuerte. Seine Arbeit war eine große Schinderei, denn er musste die Waren zwischen den Speichern und den großen Seeschiffen hin- und hertransportieren. Und das bedeutete ganz schön viel Schlepperei.

Weißt du, was Fleete sind? So nennt man die schmalen Kanäle, die sich durch Hamburgs Altstadt ziehen. Sie wurden im Mittelalter angelegt, um auf ihnen Waren besser transportieren zu können.

Kobra im Gepäck

Weil die Freihafengrenze heute viel weiter nördlich liegt, ist das alte Zollamt jetzt ein Museum, in dem du viel über die Arbeit von Zöllnern und die Tricks der Schmuggler erfahren kannst. Zu sehen sind zum Beispiel verrückte Schmuggelgüter: vom Penis einer Großkatze bis zur eingelegten Brillenkobra haben Zöllner die seltsamsten Dinge aufgespürt. Du kannst dich sogar selbst als Zollfahnder versuchen und ein Auto nach versteckter Ware durchsuchen. Die Ideen der Schmuggler sind oft ziemlich durchtrieben. Oder würdest du darauf kommen, in einem Fußball nach Zigaretten zu suchen? Oder die dicken Seiten eines Bilderbuchs aufzuschlitzen?

Vor dem Museum liegt die »Oldenburg« im Zollkanal, ein ausgedientes Zollboot, das du besichtigen kannst.

Windenwächter im Wasserschloss

Am Museum vorbei gehst du ein Stück die Straße Alter Wandrahm entlang bis zur Dienerreihe. Links von dir steht ein Schloss mitten zwischen den Speichern. Hier wohnten die Windenwächter, die dafür sorgten, dass alle Winden an den Lagerhäusern funktionierten. Sie waren die Einzigen, die in der Speicherstadt übernachteten – abgesehen von ein paar armen Ewerführern, die außer ihrer Schute kein Zuhause hatten.

Stadt nach Plan

Biege jetzt rechts ab in den Brooktorkai und folge der Straße bis zur Osakaallee. Willkommen in der Hafencity! Du bist jetzt mitten in einem Stadtteil, der wahrscheinlich jünger ist als du selbst – und noch längst nicht komplett fertig.

Wie würde dein Entwurf für ein Hochhaus aussehen? Zeichne es zwischen die Baukräne.

Dank der Hafencity wird Hamburgs Innenstadt um vierzig Prozent wachsen. Die Fläche dafür gehörte früher zum Hafen und war mit alten, leer stehenden Schuppen bebaut. Jetzt entstehen hier Bürohäuser, aber auch 7500 Wohnungen für 15.000 Menschen, knapp die Hälfte davon ist schon fertig.

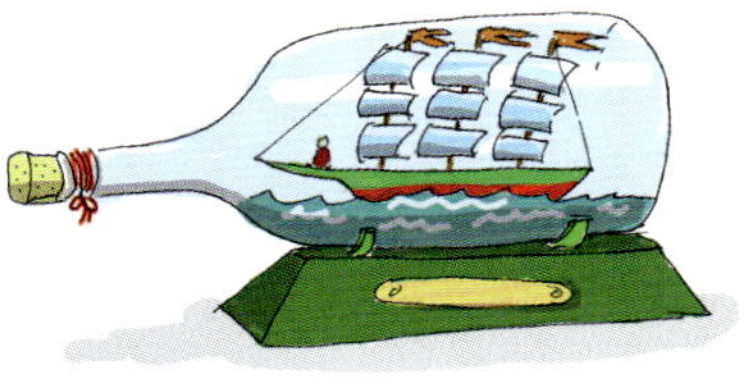

Schiffe aus aller Welt

Wenn dich Schiffe interessieren, solltest du dir das Internationale Maritime Museum ansehen. Es ist im Kaispeicher B untergebracht und liegt links von dir genau auf der Nahtstelle zwischen Hafencity und Speicherstadt. Auf zehn Etagen findest du dort Schiffsmodelle aus allen Ländern und Jahrhunderten.

Wo der Henker arbeitete

Wo heute die Hafencity gebaut wird, rollten früher Köpfe. Der Grasbrook war einst der Ort für Hinrichtungen. Ein Denkmal erinnert an den berühmtesten Hamburger Seeräuber: Klaus Störtebeker, dem hier der Kopf abgeschlagen wurde (siehe Geschichte). Heute kannst du zwei von Nägeln durchbohrte Schädel im Hamburgmuseum (R 3) sehen. Die Wissenschaftler glauben, dass sie Störtebeker und seinem Verbündeten Godeke Michels gehörten, der hier ebenfalls starb.

Kannst du die Inschrift lesen?

Luxus-Pötte ...

Wenn du an der nächsten Kreuzung rechts in die Überseeallee abbiegst, siehst du mit etwas Glück echte Traumschiffe. Viele riesige Kreuzfahrtschiffe laufen die

Hafencity an. Das ist für die Passagiere sehr praktisch: Sie können vom Anleger bequem in die Innenstadt spazieren.

… und ein Schulhof auf dem Dach

Fällt dir auf, dass die Straßen in der Hafencity ziemlich dicht bebaut sind? Land ist hier knapp, denn das Viertel wurde sozusagen ins Wasser gebaut. Deswegen sind die Architekten manchmal sehr erfinderisch. Rechts von dir am Dalmannkai gibt es eine Grundschule. Sie hat aber keinen Schulhof. Wenn die Kinder hier Pause haben, gehen Sie hoch aufs Dach zum Toben und Spielen. Schau nach oben, dann siehst du den hohen Zaun, der die Schüler schützt!

Einen tollen Blick über die Hafencity bietet der orangefarbene »View Point«-Turm am Ende des Großen Grasbrooks. Hast du ein Fernglas dabei? Dann kannst du dir die riesige Baustelle ganz genau ansehen und die Decks der Kreuzfahrtschiffe erforschen.

Auf die Plaza der Elphi

Weiter geht es den Kaiserkai entlang bis zur Elbphilharmonie. Das riesige gläserne Konzerthaus entstand auf dem Kaispeicher A, einem ausgedienten Lagerhaus-Koloss. Zehn Jahre lang hat man daran gebaut.

Zwar ist die »Elphi« viel teurer geworden als geplant, dafür ist sie aber auch ein Haus der Superlative. Auch ohne Konzertkarte kannst du einen Eindruck davon bekommen, wenn du die »Plaza« der Elbphilharmonie besuchst, eine Aussichtsplattform in 37 Meter Höhe. Nicht nur der Blick von hier über die Elbe ist beeindruckend, schon die Fahrt nach oben ist ein Erlebnis: Du fährst auf der längsten gebogenen Rolltreppe der Welt nach oben, vorbei an cremeweißen Wänden, die von glitzernden Pailletten geschmückt sind.

5. Ein Piratenschatz auf dem Kirchturm und ein steinernes Schiff

Von der Deichstraße bis zum Chilehaus

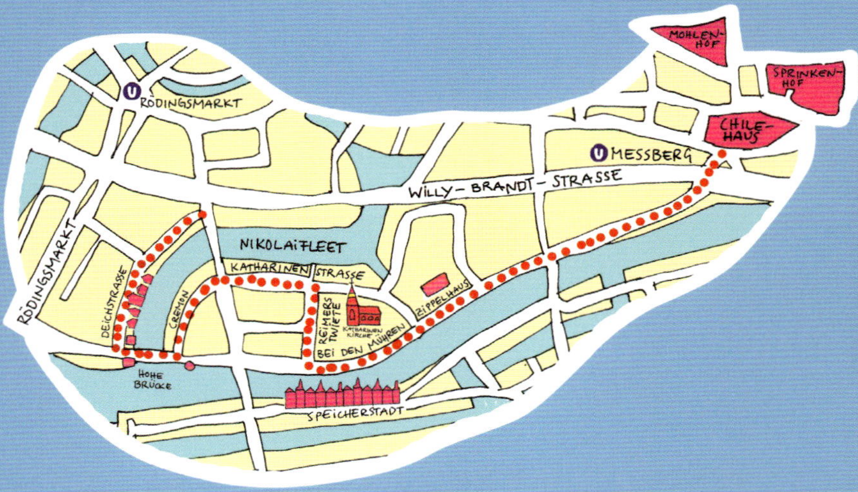

ab: Deichstraße, U-Bahn Rödingsmarkt
bis: Chilehaus, U-Bahn Meßberg

Feueralarm

»Füer, Füer in de Diekstraat!« Es ist ein Uhr morgens am 5. Mai 1842, als die Nachtwächter in der Deichstraße Alarm schlagen. Der Speicher eines Tabakhändlers steht in Flammen. Rasend schnell greift der Brand auf die anderen Häuser über. Es sollte das verheerendste Feuer werden, das Hamburg je erlebt hatte. 20.000 Menschen verloren ihr Zuhause, 53 Hamburger kamen ums Leben.

Nicht weit von dort, wo das Feuer damals ausbrach, stehen trotzdem noch einige der ältesten Häuser der Stadt. Man nennt sie Althamburger Kaufmannshäuser. In ihnen hatten die Kaufleute ihren Laden und ihre Lagerräume, zugleich wohnten sie und ihre Bediensteten hier. Um das Jahr 1800 gab es mehr als 2000 Häuser in der Stadt.

Vom Haus Nummer 25 aus griff damals der Brand auf die Ostseite der Straße über, heute findest du hier ein Restaurant mit einem passenden Namen. Male ihn auf das Schild des Hauses rechts oben!

Hamburgs erster Hafen

Woher hat die Deichstraße ihren Namen? Ein Deich gehört doch ans Meer, wo er Felder und Ortschaften vor Überschwemmungen schützt. Tatsächlich verläuft diese Straße genau dort, wo damals der erste Hamburger Hafen lag, am Nikolaifleet.

Haus Nummer 27 ist das älteste Lagerhaus Hamburgs, es heißt Bardowicker Speicher, weil hier Gemüsehändler aus dem Ort Bardowick ihre Waren verstauten. Mithilfe der Seilwinde oben am Giebel konnten die Kaufleute ihre Waren hochhieven oder herunterlassen.

Entdeckst du die schmalen Gänge zwischen den Gebäuden? Diese sogenannten Fleetgänge machten möglich, dass auch die Bewohner der Häuser auf der anderen Straßenseite einen Zugang zum Hafen hatten.

Einkaufen wie anno dazumal

In Haus Nummer 45 findest du einen Kolonialwarenladen. Vor 150 Jahren gab es noch keine Supermärkte, stattdessen stand der Kaufmann hinter seinem Tresen und wog auf seiner Waage genau ab, was der Kunde haben wollte. Zwieback und Kekse lagerten in Blechdosen, und der Kaufmann verkaufte sie stückweise. Geh hinein und schau dich um, dann kannst du dir vorstellen, wie deine Urgroßeltern eingekauft haben!

Der Name »Kolonialwaren« kommt übrigens von dem Wort »Kolonien«. Um 1850 hatten viele europäische Länder Kolonien in Afrika und Asien. Das waren Länder, die die Europäer beherrschten und ausbeuteten. Kakao, Pfeffer, Zucker und Zimt waren nur einige der Dinge, die von dort in die Läden nach Europa kamen.

Kennst du noch andere Lebensmittel, die bei uns verkauft, aber nicht bei uns geerntet werden? Male sie in die Regale dieses Tante-Emma-Ladens!

Häuser mit zwei Gesichtern

Am Ende der Deichstraße biegst du links ab auf die Hohe Brücke. Wenn du jetzt links auf das Nikolaifleet schaust, erkennst du, dass die Häuser an der Deichstraße auf der Wasserseite ganz anders aussehen als vorne an der Straße. Viele haben zum Wasser hin eine einfache Fachwerkfront. Das ist Absicht: Auf der Straßenseite wollte man mit imposanten Fassaden angeben, und zum Wasser hin baute man lieber ein bisschen sparsamer.

Angst vor der Flut

Am Anfang der Hohen Brücke steht das Haus der Seefahrt. Schau dir das reich verzierte Portal an!

Welches Tier entdeckst du oberhalb des Eingangs? Wie viele Arme hat es?

Von der Mitte der Brücke aus kannst du an der Seitenwand eine Flutmarke erkennen. Sie zeigt, wie hoch das Wasser bei der großen Sturmflut im Jahr 1962 stand (siehe Geschichte, S. 18). Du kannst dir vorstellen, was damals in der Stadt los war, viele Hamburger hatten Angst um ihr Leben und verloren ihr ganzes Hab und Gut.

Ein Zwerg von einem Kran

Auf der anderen Seite der Brücke siehst du ein Haus mit einem zinnenbewehrten Turm, es wirkt ein bisschen wie eine zu klein geratene Ritterburg. Hier wohnte früher der städtische Kranwärter. Er bediente den Kran, den du ein Stück weiter die Straße hinunter findest. Seit Mitte der siebziger Jahre steht er allerdings still. Denn gegen die Kräne, die heute am Hamburger Hafen zum Einsatz kommen, ist dieser Oldtimer nur ein Zwerg.

Fleetenkieker …

Biege jetzt links in die Straße Cremon ab. Lange war diese Gegend eine künstliche Insel, rings herum entstand um 1200 eines der ersten Fleete.

Man fand das damals praktisch, weil sich Waren auf dem Wasser viel besser transportieren ließen als auf den engen, holprigen Straßen. Hamburg stellte sogar eigene »Fleetenkieker« an.

Diese Männer mussten überwachen, ob das Wasser in den Fleeten tief genug für die Schiffe war, und sie durchsuchten das Wasser auch gleich nach nützlichen Dingen, die von dem einen oder anderen Schiff gefallen waren.

... und viel Bier

Um 1600 war Hamburg eine der erfolgreichsten Handelsstädte der Welt. Und zu den wichtigsten Gütern, die von hier aus in andere Städte verschifft wurden, gehörte Bier. Deswegen fanden auch viele Brauer hier Arbeit, außerdem auch Böttcher, die Bierfässer herstellten.

Wenn du den Cremon hinuntergehst, siehst du manchmal vor den Häusern hölzerne Bierfässer, die daran erinnern.

Merkur gilt als Gott der Händler und Kaufleute. Entdeckst du sein Bild an Haus Nummer 34?

Gehe geradeaus ein Stück die Katharinenstraße entlang und biege dann rechts in die Reimerstwiete ab. Die Häuser Nummer 17 bis 21 gehören zu den letzten Fachwerkbauten, die es in der Stadt noch gibt. Siehst du, bis wohin das Kopfsteinpflaster reicht? So schmal war die Straße früher!

Neue Stadt am anderen Ufer

Am Ende der Reimerstwiete gehst du links und kommst auf die Straße Bei den Mühren. Sie heißt so, weil hier im Mittelalter einst die Stadtmauer verlief. Wenn du über die Straße schaust, blickst du auf die Speicherstadt, die du in R 4 kennenlernst.

Piratengold auf dem Kirchturm

20.000 Menschen mussten 1887 wegen dem Bau der Speicherstadt ihre Häuser aufgeben, die Kirche St. Katharinen, links von dir, verlor damit einen Großteil ihrer Gemeinde. Die wächst heute aber

wieder, weil Hamburg hinter der Speicherstadt einen neuen Stadtteil baut, die Hafencity (siehe R 4). Ein glänzender, goldener Ring ziert die Turmspitze der Kirche. Die Hamburger nennen ihn »Störtebeker-Krone«, denn angeblich stammt das Gold aus der Beute des Seeräubers Klaus Störtebeker.

Die gefolterte Prinzessin

Auf dem Kirchendach siehst du eine Büste der Heiligen Katharina. Sie war eine Prinzessin und lebte um das Jahr 300 in der Gegend des heutigen Zypern. Weil sie standhaft an ihrem Glauben an Jesus Christus festhielt, ließ der römische Kaiser sie foltern. Er soll sie auf ein Rad gespannt haben, das aber von Gott durch einen Blitz gespalten wurde. Der Kaiser befahl daraufhin, Katharina den Kopf abzuschlagen, aber der Legende nach floss dabei Milch statt Blut aus ihrem Körper.

Die Katharina auf der Kirche hat etwas unter sich, das an diese Legende erinnert. Was ist es?

Zwiebeln im Zippelhaus

Am Zollkanal entlang läufst du jetzt vorbei am Zippelhaus. »Zippel« ist das plattdeutsche Wort für Zwiebel. Früher stand hier ein altes Fachwerkhaus, in dem viele Gemüsehändlerinnen aus Bardowick wohnten und ihre Waren – längst nicht nur Zwiebeln – lagerten.
Morgens klappten die Frauen die hölzernen Fensterläden nach unten und verkauften dann von dort aus ihr Gemüse den Leuten auf der Straße. Für die Händlerinnen war das sehr praktisch, denn die Waren wurden ihnen über den Zollkanal direkt vors Haus geliefert. Die Stadt Hamburg überließ den Damen das Haus gegen eine geringe Miete »auf ewige Zeiten«.

Schluss mit der Ewigkeit

Die Ewigkeit war dann aber 1888 vorbei – die Speicherstadt wurde gebaut, ein neuer Straßenverlauf geplant – und die Bardowicker Frauen zogen in die Deichstraße um. Das Haus wurde abgerissen, stattdessen baute sich ein Verleger ganz in der Nähe ein großes Wohn- und Geschäftshaus: das neue Zippelhaus.

Das steinerne Schiff

Folge der Straße Dovenfleet , bis du zum Meßberg kommst. Siehst du den riesigen dunklen Backsteinbau mit den hellen Fenstergeländern? Sie erinnern an die Reling eines riesigen Dampfers, und tatsächlich vergleichen die Hamburger das Chilehaus oft mit einem Schiff.

Am besten du gehst halb um das Gebäude herum und besiehst es dir von der Ecke Burchardtstraße und Pumpen. Jetzt zeigt der spitze Bug des Schiffes genau auf dich. Die Galionsfigur zeigt einen chilenischen Kondor. Im Vergleich zur Größe des Gebäudes wirkt er aber eher niedlich.

Der reichste Hamburger ...

Bauherr war der Unternehmer Henry Brarens Sloman, der in Südamerika eine Salpeterfabrik hatte. Aus Salpeter macht man zum Beispiel Schießpulver, und Slomans Geschäfte liefen so gut, dass er 1898 mit einem Vermögen von rund 60 Millionen Mark der reichste Bürger Hamburgs war.

... und der Klinkerfürst

Für ihn war es selbstverständlich, dass er sich dann auch das größte Geschäftshaus der Stadt bauen ließ. Dafür kaufte er schon vor Baubeginn knapp fünf Millionen Ziegelsteine. Und er engagierte einen der besten Architekten der Zeit: Fritz Höger war für seine modernen Entwürfe bekannt. Man sagt, er war einer der wichtigsten Expressionisten in der Architektur. Das heißt, seine Gebäude sollten nicht nur praktisch oder imposant sein, er wollte durch ihre Form auch eine Idee ausdrücken. Weil er meistens mit Klinkersteinen arbeitete, hatte er den Spitznamen »Klinkerfürst von Hamburg«. Höger soll allerdings sehr sauer gewesen sein, als er die Unmengen von Steinen sah, die Sloman für ihn besorgt hatte. »Was soll ich mit dem Dreck machen?«, beschwerte er sich – schuf aber schließlich trotzdem eines der berühmtesten Geschäftshäuser Europas daraus.

Tagsüber stehen meistens an einem der Portale des Chilehauses die Türen offen, und du kannst dir die schönen Eingangshallen von innen ansehen.

Ein Brot für eine Million Mark

Einen Bau wie das Chilehaus hatte es in Hamburg noch nicht gegeben. Nicht nur die Millionen von Klinkern beeindruckten die Bürger, auch der spitze Giebel war etwas Besonderes – und natürlich die mehr als 2800 Fenster, die hier geputzt werden müssen.

Slomans Haus war aber auch ein Symbol für die Kraft der Stadt. Der Bau in den Jahren 1922–1924 fiel mitten in die Zeit der großen Wirtschaftskrise nach dem Ersten Weltkrieg. Es herrschte galoppierende Inflation, das heißt, das Geld verlor jeden Tag an Wert, sodass man für eine Million Mark gerade mal ein Brot kaufen konnte. Der riesige Bau wirkte wie ein Signal. Es verkündete: Es kommen bessere Zeiten! Wir bauen Hamburg wieder auf!

Schöner Stein und heller Ton

In der Nachbarschaft des Chilehauses entdeckst du noch mehr gewaltige Kontorhäuser, zum Beispiel den Sprinkenhof und den Mohlenhof. Sie bilden gemeinsam den Kern des Kontorhausviertels. Zuvor hatten hier in dunklen Gängevierteln arme Leute gewohnt. Reiche Unternehmer wie Sloman kauften die Grundstücke, rissen alles ab und bauten im großen Stil. Die Büros in den Häusern vermieteten sie an Kaufleute und verdienten damit viel Geld.

Die Idee für diese neuen Büro-Häuser, in denen nur noch gearbeitet wird und niemand mehr wohnt, kam aus Amerika. Allerdings war in Städten wie New York oder Chicago der Platz so knapp, dass man schlanke, hohe Wolkenkratzer errichtete. In Hamburg dagegen entstanden trutzige Rotklinker-Burgen, die selten mehr als acht Stockwerke zählen. Der Sprinkenhof galt sogar einige Zeit lang als das größte Bürogebäude der Welt.

Was sind eigentlich Klinker? Diese Ziegelsteine werden unter so hohen Temperaturen gebrannt, dass sich alle Poren der Steine schließen und sie kaum noch Wasser aufnehmen. Wenn man sie aneinanderschlägt, entsteht ein hoher Ton. Daher der Name: Sie heißen Klinker, weil sie klingen.

6. Wo die Schiffe zum Friseur gehen

Mit der Hafenfähre unterwegs auf der Elbe

ab/bis: Hadag-Fähranleger Sandtorhöft
Linie 62: Speicherstadt bis Finkenwerder und zurück

Ab aufs Wasser

Hast du Lust auf eine Bootstour auf der Elbe? Dafür brauchst du nur eine Bus- oder U-Bahn-Fahrkarte, denn die Hafenfähren gehören zum Netz des öffentlichen Nahverkehrs. Am schönsten ist eine Fahrt mit der Linie 62, die von der Speicherstadt bis nach Finkenwerder schippert. Das Gute daran: Du kannst an jedem Halt, der dich interessiert, aussteigen und einfach mit einem späteren Schiff weiterfahren. Tagsüber fahren die Fähren jede Viertelstunde.

Die Linie 62 startet am Anleger Sandtorhöft. Such dir schnell einen Platz, am besten in Fahrtrichtung rechts, denn auf dieser Seite hast du einen guten Blick auf die Museumsschiffe »Cap San Diego« und »Rickmer Rickmers« (siehe R 1).

Entdeckst du den kleinen Jungen Rickmer, der als Galionsfigur den Bug ziert?

Haare schneiden und rasieren

Links von dir liegen die Docks der großen Werft Blohm + Voss. Eine Werft baut und repariert Schiffe. »Einmal Haare

schneiden und rasieren«, heißt es im Seemannsjargon, wenn ein Schiff in die Werft muss. Gemeint ist damit, dass man Algen, Seepocken und allen anderen Bewuchs vom unteren Bereich entfernt. Damit man auch an die Schiffsteile herankommt, die normalerweise unter Wasser liegen, müssen die Pötte ins Trockendock, eine Art Schiffsgarage, aus der das Wasser abgepumpt wird.

Rettung für Elbe 17

Siehst du den langen schwarzen Kasten mit der Aufschrift »Elbe 17«? Dieses Trockendock ist eines der größten in ganz Europa, sogar riesige Kreuzfahrtschiffe werden hier gewartet. Nach dem Zweiten Weltkrieg befahl die britische Besatzungsmacht, das Dock in die Luft zu sprengen, doch die Hamburger wollten das nicht. Sie hatten Angst, dass der nur 150 Meter entfernte Alte Elbtunnel dabei zerstört werden könnte. Am Tag der Sprengung versammelten sich Tausende auf der Elbinsel Steinwerder und am Hafen, um dagegen zu protestieren. Mit Erfolg – in letzter Minute musste die Sprengung abgesagt werden.

Abfahrt in die Neue Welt

Der nächste Halt sind die St. Pauli-Landungsbrücken, eine Art Bahnhof für Schiffe. Als sie 1839 eingeweiht wurden, starteten hier die Dampfschiffe ihre Fahrten nach Übersee. Millionen von Auswanderern verließen hier ihr Heimatland und starteten in die Neue Welt Amerika.

Wenn die Fähre bei den Landungsbrücken anlegt, achte auf die Anzeige am Pegelturm. Die Zahlen unterhalb der Uhr geben den Stand der Gezeiten an.

Barrikaden und bunte Häuser

Auf der rechten Seite siehst du gleich hinter dem Kuppelbau des Alten Elbtunnels die bunten Häuser der Hafenstraße. In den 80er Jahren sollten sie abgerissen werden, weil man den Hafenrand betonieren wollte. Doch die Bewohner verbarrikadierten sich in den Häusern Nummer 116 bis 126. Der Streit dauerte Jahre, die Graffiti an den Wänden erinnern noch daran. Gleich hinter der Hafenstraße ragt der Turm von St. Pauli in die Höhe, jener Kirche, die dem berühmten Hamburger Viertel seinen Namen gab.

Diese Häuser sind noch ganz farblos. Male die Hafenstraße in deinen Lieblingsfarben an!

Spion im Ruhestand

Warst du schon einmal auf einem U-Boot? Wenn du am nächsten Halt Altona Fischmarkt aussteigst, kannst du die russische U-434 entern. Einst war sie als russisches Spionage-Schiff in bis zu 500 Metern Tiefe unterwegs, heute ist sie ein Museum. Obwohl die U-434 schon zu den großen U-Boot-Typen gehört, ist es innen sehr eng. Man beneidet die Matrosen nicht, die hier Wochen oder Monate verbringen mussten.

Zu Aale-Dieter morgens um fünf

Dann schon lieber ein bisschen Enge unter freiem Himmel, zum Beispiel auf dem Altonaer Fischmarkt, direkt am nächsten Stopp. Sonntagmorgens ab 5 Uhr versammeln sich hier Touristen und Nachtschwärmer, die ihre durchzechte Nacht mit einem Besuch auf dem

Fischmarkt abschließen. Zu kaufen gibt es hier längst nicht nur Fisch, sondern auch Blumen, Bananen, Buddelschiffe und jede Menge Trödel. Die Marktschreier wie der berühmte Aale-Dieter sind bekannt für ihre Stimmgewalt und ihre ruppige Art: »Kinners, kommt endlich ran. Bei Aale-Dieter ist jeder Aal nur erste Wahl!«

Die Prachtbrücke ...

Links von dir siehst du jetzt das Terminal Tollerort, einen Teil des Containerhafens, der nach Rotterdam der zweitgrößte in Europa ist. Hinter den Kränen hast du freien Blick auf die Köhlbrandbrücke. Sie wurde 1974 eingeweiht und bekam eine Auszeichnung als »schönste Brücke Europas«. Allerdings ist ihr Ende bereits besiegelt: 2034 soll sie abgerissen werden, weil sie nicht mehr saniert werden kann und weil die Schiffe immer größer werden und kaum noch unter ihr herfahren können. Statt der Brücke soll es dann neue Tunnelröhren geben, die den Köhlbrand unter- statt überqueren.

... und das schiefe Haus

Der nächste Stopp heißt Dockland, und das Haus mit diesem Namen hat eine eigenartige Form. Als riesiges Parallelogramm steht es am Elbufer. Wer Lust hat, kann die 140 Stufen hoch aufs Dach steigen. Von dort hat man einen fantastischen Blick über den Hafen. Das Grundstück, auf dem das teure Bürohaus steht, war vor dem Bau übrigens noch gar nicht vorhanden – es wurde eigens aufgeschüttet.

Weiter geht es nun zu starken Kähnen. Richtung Museumshafen passiert die Fähre eine Flotte von Schleppern. Jeder Einzelne hat eine Leistung von bis zu 5000 PS. Man braucht sie, um die großen, schwerfälligen Containerschiffe vorsichtig durch den Hafen zu leiten.

Mit Volldampf durchs Eis

Gleich hinter den Schleppern liegt rechts von dir eine ganz andere starke Maschine: Die »Stettin« ist ein Dampf-Eisbrecher, der schon 80 Jahre auf dem Buckel hat, aber immer noch seetüchtig ist. Bis 1981 durchpflügte sie auf der Elbe bis zu ein Meter dicke Eisschichten, um den Handelsschiffen freie Fahrt zu verschaffen.

Jetzt liegt der Oldtimer meistens hier im Museumshafen Övelgönne. Nur ab und zu legt er mit Touristen an Bord wieder ab, und im Maschinenraum machen wie früher die Heizer Dampf.

Lass den Eisbrecher zeigen, was er kann! Male dickes Eis auf die Elbe, das die »Stettin« durchstoßen kann.

Feuerschiff im Sturm

Die knallrote »Elbe 3«, rechts von dir, hatte ihren ersten Einsatz bereits im Jahr 1889. Damals gab es noch keine Leuchtbojen im Wasser, und um den Schiffen auf See den richtigen Weg zum Hamburger Hafen zu weisen, wurden bemannte Feuerschiffe auf festen Positionen verankert. Sie schickten regelmäßig ein Signal aus, sodass die Kapitäne auch bei Dunkelheit oder schlechter Sicht nicht die Orientierung verloren. Die Arbeit an Bord war gefährlich, denn auch bei Orkan und Gewitter mussten alle Männer auf ihren Posten bleiben.

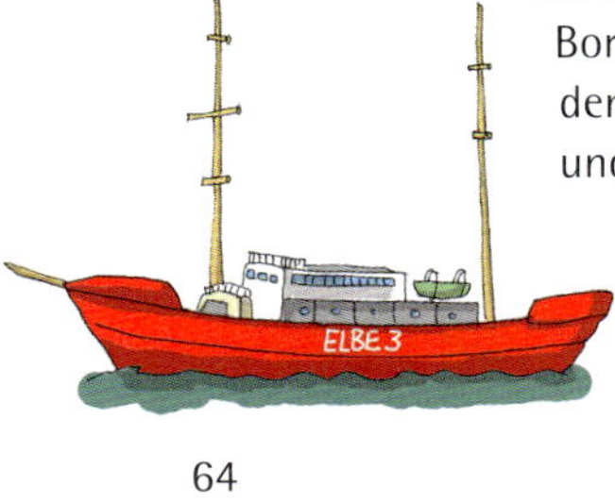

Male das Licht auf das Feuerschiff! Hast du Lust auf noch mehr Schiffsoriginale? Dann steig am Anleger Neumühlen aus und mach einen Spaziergang am Museumshafen!

Ein harter Brocken

Hinter dem Museumshafen liegt der beliebteste Stadtstrand der Hamburger. Bei schönem Wetter treffen sich hier Scharen von Menschen: die Großen, um sonnenzubaden, und die Kleinen, um im Sand zu buddeln.

Am Ende des Strandes steht ein steinerner Riese im Sand: fast acht Meter breit und 4,50 Meter hoch. Der Findling kam durch einen Zufall an den Elbstrand. Als man 1999 die vierte Röhre des neuen Elbtunnels baute, blockierte das Ungetüm die Bohrer. Niemand wusste, wie man den Stein aus dem Untergrund der Elbe herausbekommen sollte. Nach drei Wochen gelang schließlich die Bergung. Forscher sagen, dass der Brocken in einer Eiszeit vor rund 400.000 Jahren aus dem Norden gekommen sein muss. Das gab dem Koloss seinen Namen: Die Hamburger nennen ihn »Alter Schwede«.

Schätze, wie viel der Alte Schwede auf die Waage bringt!

Villen für die Reichen ...

Hinter dem Elbstrand reihen sich rechts von dir teure Villen aneinander, allerdings mit gebührendem Abstand und meistens umgeben von hohen Hecken. Die Grundstücke oberhalb der Elbe gehören zu den kostspieligsten der Stadt.

... und ein Haus für die Lotsen

Auf der Fahrt nach Finkenwerder quert die Fähre jetzt die Elbe Richtung Süden. Wahrzeichen des Ortes ist das Lotsenhaus Seemannshöft mit seinem Beobachtungsturm. Hier haben die 73 Hamburger Hafenlotsen ihre Zentrale. Jeden Tag gehen sie von hier aus auf die verschiedenen Schiffe und helfen den Kapitänen dabei, den Weg durch den Hafen zu finden. Ein ortsfremder Containerschiff-Kapitän wäre hilflos, sollte er seinen dicken Pott alleine stoppen, drehen oder rückwärts manövrieren, um an den für ihn vorgesehenen Liegeplatz zu gelangen.

Wusstest du, dass alle Lotsen ausgebildete Kapitäne sind? Nur wer das höchste nautische Patent hat, darf anderen auf See den Weg weisen.

Teufels Brücke

Von Finkenwerder aus macht sich die Fähre wieder auf den Rückweg Richtung Speicherstadt. Entweder du bleibst einfach sitzen und fährst wieder zurück, oder du steigst in die Fähre der Linie 64 um, die dich noch ein Stück weiter elbabwärts bis nach Teufelsbrück bringt. Der Anleger verdankt seinen Namen einer Legende: Der Mann, der die Brücke baute, soll sich mit dem Teufel verbündet haben. Angeblich versprach er ihm das erste Lebewesen, das über die neue Brücke gehen würde, wenn der Teufel ihm dafür beim Bau zur Seite stünde.

Gerade als der Pastor als erster Mensch die fertige Brücke betreten wollte, um sie festlich zu weihen, hoppelte ein Hase vor ihm auf die Brücke. Damit war der Pastor gerettet und der Teufel enttäuscht.

Einem Hasen wirst du bei einem Spaziergang in Teufelsbrück wahrscheinlich nicht begegnen, vielleicht aber Kaninchen, denn den Großstadttrubel hast du hier weit hinter dir gelassen. Auf dem Elbuferweg zeigt sich die Elbe ganz in Ruhe von ihrer schönsten Seite.

7. Was du in und um Hamburg noch alles unternehmen und anschauen kannst

Wenn du alle Spaziergänge gemacht hast, dann bist du schon ein echter Hamburg-Kenner. Trotzdem hat die Stadt dir noch einiges zu bieten. Hast du Lust, das Universum zu erforschen, ein Walskelett zu untersuchen oder die Welt im Miniaturformat zu entdecken? Dann nimm dir noch ein bisschen Zeit für Hamburg! Spannende Tipps sind hier für dich zusammengefasst:

Hoch hinaus bis zu den Sternen

Ab ins Grüne

Aufs Wasser

Unter der Erde

Tiere, Tiere, Tiere!

Kleine Zeitreisen

Anfassen erlaubt!
Museen mal ganz anders

Lesen, schauen, spielen

Speicherstadt spezial

Hoch hinaus bis zu den Sternen

St. Petri
Bei der Petrikirche,
U-Bahn: Rathaus
www.sankt-petri.de
544 Stufen führen auf Hamburgs höchste Aussichtsplattform (123 Meter). Der Aufstieg lohnt sich: Der Blick durch die Bullaugen auf Alster und Rathausmarkt ist grandios. Mo–Fr von 10–17.30, Sa 10–17, So 11.30–17.30 Uhr, letzte Möglichkeit zum Aufstieg 16 Uhr.

Mahnmal St. Nikolai
Willy-Brandt-Straße 60,
U-Bahn: Rödingsmarkt
Tel. 371 125
www.mahnmal-st-nikolai.de
Die Fahrt mit dem gläsernen Lift auf den Turm der früheren Hauptkirche St. Nikolai dauert nicht einmal eine Minute. Die Ruine erinnert heute an die Grauen von Krieg und Gewalt (siehe R 2). Für drei Jahre (1874–1877) war das 147,3 Meter hohe Gotteshaus das höchste Bauwerk der Welt. Auf halber Höhe liegt die Aussichtsplattform. Richtung Süden kannst du bis zur neuen Hafencity sehen.

Planetarium
Linnering 1 (im Stadtpark s.u.), U-Bahn: Borgweg
Tel. 428 86 52-10
www.planetarium-hamburg.de

Von hier aus hast du nicht nur eine tolle Aussicht auf den riesigen Stadtpark und Umgebung – du bekommst sogar die Sterne zum Greifen nah präsentiert. In der großen Kuppel im Stadtpark werden täglich außer montags spannende Programme für verschiedene Altersgruppen gezeigt.

Ab ins Grüne

Stadtpark
Winterhude, Saarlandstraße 1,
U-Bahn: Saarlandstraße oder Borgweg
www.hamburg.de/stadtpark
Ideal, um sich so richtig auszutoben: Frisbee, Minigolf, Fuß- und Federball – auf der großen Wiese im Park gibt's immer was zu tun und sehen. Sobald die Sonne scheint, treffen sich hier Menschen aus der ganzen Welt, es wird gegrillt, gekickt und geklönt. Gleich am östlichen Ende der Wiese liegt der Stadtparksee (mit Freibad!). Am Anleger ist ein Bootsverleih, du kannst von hier aus bis auf die Binnenalster schippern.

Altonaer Volkspark

Bahrenfeld, S-Bahn: Stellingen

Wild und hügelig ist der Altonaer Volkspark. Geschaffen hat ihn der Altonaer Gartendirektor einst als »Schönheitswald«. Auf der riesigen Rasenfläche im Zentrum des Parks kann man bei Wind Drachen steigen lassen. Besonderer Tipp für alle Blumenfreunde: Im wunderschön angelegten Dahliengarten blühen im Spätsommer Tausende von Dahlienarten aus aller Welt.

Baakenpark

U-Bahn: Elbbrücken

Dieser Park – aufgeschüttet aus Elbsand – ist der jüngste in Hamburg, er sorgt für Grün in der neuen Hafencity. Du kannst hier über eine schmale Treppe auf den Himmelsberg steigen, von da hast du einen großartigen Blick auf die Elbe und das neue Quartier. Außerdem gibt's einen Spielplatz und Platz zum Bolzen und Basketballspielen.

Klövensteen

Rissen, S-Bahn: Rissen, dann zu Fuß über den Sandmoorweg Richtung Norden

www.hamburg.de/altona/forst-kloevensteen

Im größten Hamburger Wildgehege lassen sich unter anderem Dam- und Rotwild, Mufflons und Frettchen, Wildschweine und ein Bienenvolk beobachten. Stars des Geheges aber sind die Uhus. Wenn du ein Fernglas dabei hast, kannst du beobachten, wie die großen Eulen ihre Köpfe um bis zu 270 Grad drehen – zum Nachmachen nicht zu empfehlen. Außerdem bietet der Klövensteen schöne, wilde Spazierwege und einen Spielplatz. Die nahe gelegene »Pony Waldschänke« vermietet Pferde. Kleinere Kinder können hier von ihren Eltern geführt durch den Wald reiten. Vorsicht: Am Wochenende stehen die Familien hier Schlange.

Elbstrand Wittenbergen

Buslinie 286 bis Falkenstein

Die ruhigere (und manche sagen: schönere) Alternative zum Elbstrand bei Övelgönne

(siehe R 6). In Wittenbergen ist die Elbe so breit und wild, der Strand so weich und weiß, dass man sich fühlt wie an der Nordsee. Von hier kann man perfekt den dicken Pötten auf der Elbe zuschauen, und gleich gegenüber liegt die Elbinsel Neßsand. Schon von Weitem zu sehen ist der Wittenbergener Leuchtturm, der fünf Jahre nach seiner Einweihung 1899 um acht Meter verschoben wurde.

Aufs Wasser

Hafenrundfahrt

Landungsbrücken,
U-Bahn: Landungsbrücken
www.hamburg.de/hafenrundfahrt

Der Klassiker unter den Hamburg-Aktivitäten: Auf den Landungsbrücken wird lautstark geworben, die Anbieter sind zahllos. Entscheiden musst du dich zwischen einer Barkassen-Fahrt (kleinere Boote, die auch durch die Speicherstadt fahren) oder den großen Schiffen, die Kurs auf die Containerhäfen nehmen. Sogar ein Schaufelraddampfer ist auf dem Fluss unterwegs – als wäre die Elbe der Mississippi.

Kanufahren auf der Alster

Außenalster, U-Bahn: Klosterstern, dann durch die Alsterwiesen ans Wasser

Beschaulich auf der Alster paddeln, in die verwunschenen, schattigen Kanäle abbiegen, weiße Villen am Wasser bewundern: Eine Bootstour auf der Alster ist ideal für schöne Sommertage. Bootsverleihe gibt es rund um die Alster: zum Beispiel Bobby Reich, Fernsicht 2, Außenalster, Tel. 487 824. Und wer beim Paddeln zwischendurch eine Pause braucht: Viele Cafés an der Alster haben Bootsanleger.

Willkomm Höft

Schulauer Fährhaus, Parnaßstraße 29,
S-Bahn: Wedel
Tel. 04103 92 00-0
www.schulauer-faehrhaus.de

An der Schiffsbegrüßungsanlage Willkomm Höft bekommt jedes größere Schiff ein Ständchen, egal ob es zum Hamburger Hafen unterwegs ist oder von dort abfährt. Es ertönt Musik aus Richard Wagners »Der fliegende Holländer« und die Nationalhymne des Landes, unter dessen Flagge das Schiff unterwegs ist.

Ehemalige Kapitäne geben Besuchern gerne Informationen. Dazu nutzen sie den täglichen Hafenbericht und ein Schiffsarchiv mit 16.000 Karteikarten.

Unter der Erde

Tiefbunker am Steintorwall

Hauptbahnhof Steintorwall,
U-Bahn: Hauptbahnhof Nord
Tel. 209 338 64
www.hamburgerunterwelten.de

Der Verein Hamburger Unterwelten zeigt, wie es unter der Erde aussieht. Spektakulär ist die Führung durch den riesigen Tiefbunker unter dem Hauptbahnhof. Im Zweiten Weltkrieg sollten hier knapp 2500 Menschen Schutz finden. Da es zu gefährlich ist, den Bunker abzureißen, wird die Anlage instandgehalten und könnte im Fall einer Katastrophe heute noch als Schutzraum genutzt werden. Die Tour führt durch 150 unterirdische Räume, vom Diesel- bis zum Rettungsraum. Achtung: Rucksäcke dürfen nicht mitgenommen werden.

Tiere, Tiere, Tiere!

Hagenbecks Tierpark

Lokstedter Grenzstraße 2,
U-Bahn: Hagenbecks Tierpark
Tel. 530 033-0
www.hagenbeck.de

Ein Zoo, der Geschichte geschrieben hat. Carl Hagenbeck präsentierte in Stellingen 1907 den ersten gitterlosen Zoo der Welt. Und bis heute ist der Tierpark einer der schönsten in Deutschland. Eine besondere Attraktion ist das Eismeer. Hier wohnen auch die Walrosse: Der Tierpark ist der einzige in Deutschland, der diese gefährdeten Tiere züchtet – seit 2014 sind schon drei Jungtiere geboren worden!

Hagenbecks Tropenaquarium

Lokstedter Grenzstraße 2, U-Bahn: Hagenbecks Tierpark
Tel. 530 033-0
www.hagenbeck.de

Bei schlechtem Wetter die ideale Alternative zum

Zoo. Das Tropenaquarium direkt neben dem Tierpark hat viel mehr zu bieten als Fische. Auf dem Rundgang siehst du auch Riesenschlangen, Krokodile, Fledermäuse und Skorpione. Ein Besuch lohnt selbstverständlich auch bei Sonnenschein – zumal dann oft weniger Betrieb ist. Hagenbeck verkauft auch Kombikarten für Zoo und Aquarium, um beides auszunutzen, sollte man dann aber einen vollen Tag einplanen.

Wildpark Schwarze Berge

Am Wildpark 1, Rosengarten, S-Bahn: Harburg, weiter mit Buslinie 340 bis Wildpark Schwarze Berge
Tel. 819 774 70
www.wildpark-schwarze-berge.de

Gleich hinter dem Eingang können Besucher schon zum ersten Mal das Wildfutter zücken: Frei laufende Hängebauchschweine warten auf großzügige Gäste. Der Rundweg durch den weitläufigen Park ist ein Streifzug durch die heimische Fauna: Hirsche, Bären, Wölfe leben hier in großzügigen Gehegen, aber auch kleinere Tiere wie Otter und Dachse sind gut zu beobachten.

Garten der Schmetterlinge Friedrichsruh

Am Schlossteich 8, Friedrichsruh
Buslinie 433 bis Friedrichsruh
Tel. 04104 60 37
www.gartenderschmetterlinge.de

Von der Raupe bis zum Falter kannst du hier Schmetterlinge aus Asien, Afrika und Südamerika in allen Farben und Formen sehen. In den Schmetterlingshäusern lassen sich die Tiere ganz aus der Nähe beim Fliegen und Nektarsuchen beobachten. Der Schmetterlingsgarten ist der älteste in Deutschland, den Anfang der Sammlung machte einst die Fürstin Elisabeth von Bismarck. Das Fangen der Falter ist verboten, aber dafür dürfen Besucher manchmal das Jemen-Chamäleon namens Hube auf den Arm nehmen. Vorausgesetzt es lässt sich finden – Hube ist ein Meister der Tarnung.

Zoologisches Museum

Bundesstraße 52,
U-Bahn: Schlump
Tel. 428 382 276
www.hamburg.leibnitz-lib.de (unter Museen zum Zoologischen Museum)

Hast du schon mal das Skelett eines Pottwals gesehen? Oder weißt du, wie viele Hörner ein Indisches Panzernashorn hat? Hier kannst du solche Riesen aus nächster Nähe betrachten – denn sie sind nicht mehr lebendig.

Die Sammlung von rund 90.000 Tierpräparaten gehört der Hamburger Universität. Studenten lernen an solchen Exponaten viel über die Artenvielfalt der Tierwelt – und besonders die große Wal-Sammlung ist sehr kostbar. Und falls du kleine Tiere lieber magst als große: In der Insektenabteilung gibt es viel zu bestaunen. Übrigens: Der Besuch dieses Museums kostet auch für Erwachsene keinen Eintritt (Di–So 10–17 Uhr).

Kleine Zeitreisen

BallinStadt

Veddeler Bogen 2, S-Bahn: Veddel
Tel. 319 791 60
www.ballinstadt.de

Um 1900 suchten Tausende von Auswanderern ihr Glück in Übersee. Viele von ihnen gingen von Hamburg aus auf große Reise: Die BallinStadt erinnert an diese Zeit – als preisgekröntes Museum an einem Originalschauplatz.

Auf der Elbinsel Veddel ließ der Reeder Albert Ballin 1889 sogenannte »Auswandererhallen« bauen, in denen Hunderttausende auf ihre Abreise nach Amerika warteten.
Zuvor hatte Hamburgs Ruf als Auswanderungshafen gelitten: Schlechte hygienische Bedingungen und zu wenig Schlafplätze hatten viele Emigranten abgeschreckt – und Ballins Einnahmen geschmälert. In seinen Auswandererhallen wurden deshalb alle Reisenden täglich vom Arzt untersucht, das Areal musste bald erweitert werden und entwickelte sich zu einer eigenen kleinen Stadt mit Kirche, Friseur und Synagoge.

Freilichtmuseum am Kiekeberg

Am Kiekeberg 1, Rosengarten,
S-Bahn Harburg, dann ab Harburg ZOB
Buslinie 4210 oder 340
Tel. 790 176-0
www.kiekeberg-museum.de

Wie bügelt man ohne Strom aus der Steckdose? Wie wird aus dem Schaffell ein Wollknäuel? Wie sah vor mehr als 100 Jahren ein Traktor aus?

Im Freilichtmuseum erfährst du jede Menge Spannendes über das bäuerliche Leben in der Zeit um 1850. Viele Gebäude sind hier originalgetreu aufgebaut und eingerichtet, es gibt regelmäßig tolle Aktionen für Kinder. Und einen fantastischen Wasserspielplatz.

Hamburg Dungeon

Kehrwieder 2, Block D,
U-Bahn: Baumwall
Tel. 180 666 690 140
www.thedungeons.com/hamburg

Hier brauchst du gute Nerven (und solltest mindestens 12 Jahre alt sein, auch wenn der Eintritt bereits ab zehn erlaubt ist). »Dungeon« ist das englische Wort für Kerker, und dementsprechend gruselig ist diese Tour durch Hamburgs Stadtgeschichte. In einer Art Geisterbahn werden Besuchern in den Katakomben der Speicherstadt Schreckensereignisse wie der Große Brand, die Pest oder Störtebekers Hinrichtung nahegebracht. Nervenkitzel garantiert!

Anfassen erlaubt! Museen mal ganz anders

Museum für Kunst und Gewerbe

Steintorplatz,
U-Bahn: Hauptbahnhof Süd
Tel. 428 134-880
www.mkg-hamburg.de

Kinder wollen hier nicht wieder weg, und viele Erwachsene würden bleiben, wenn sie dürften. Doch das Hubertus Wald Kinderreich im Museum für Kunst und Gewerbe ist für junge Gäste reserviert. Die können hier Trickfilme drehen, sich so fotografieren lassen, dass es aussieht, als würden sie im Weltall schweben oder raffinierte Kugelbahnlabyrinthe bauen. Wem das nicht reicht: Es gibt eine Entecker-Tour für Kinder mit Rätseln und Ratespielen.

Museum am Rothenbaum – Kulturen und Künste der Welt (MARKK)

Rothenbaumchaussee 64,
U-Bahn: Hallerstraße
Tel. 428 87 90
www.markk-hamburg.de

Einmal um die ganze Welt führt dich dieses Museum. Durch manche Abteilungen kannst du sogar Rallyes machen, frage an der Museumskasse nach den Anleitungen. Es gibt viel zu entdecken: Masken aus der Südsee, Hieroglyphen und Mumien aus Ägypten und unter den Götter- und Dämonenfiguren von der Insel Bali findest du einige, die Disney-Helden zum Verwechseln ähnlich sehen. Sonntags gibt es – wie in vielen Hamburger Museen – oft spezielle Führungen oder Workshops für Kinder.

Hamburger Kunsthalle

Glockengießerwall 5,
U-Bahn: Hauptbahnhof Nord
Tel. 428 131-200
www.hamburger-kunsthalle.de

Der dänische Künstler Olafur Eliasson hat das »Kinderzimmer« in der Galerie der Gegenwart entworfen. Kinder (und Erwachsene) werden hier selbst zu Künstlern. Aus Hunderten von bunten, »Zometools« genannten langen Stäben können sie fantastische Gebilde stecken und in der Gitterstruktur des Zimmers präsentieren. Am Wochenende gibt es außerdem Führungen für Kinder, danach wird gezeichnet und gedruckt, geschnitten und gebastelt.

Klick Kindermuseum Hamburg

Achtern Born 127,
Buslinien 21, 3, 37 bis Achtern Born
Tel. 410 997 77
www.kindermuseum-hamburg.de

Das größte Kindermuseum in Deutschland zeigt, wie man Wissen kindgerecht und spannend präsentiert. Zum Thema »Treffpunkt Körper« kannst du in einer Gebärmutter schaukeln, bei »Geld und Gut« dein eigenes Geld drucken (und ausgeben) und zu »Uromas Alltagsleben« gehört es, die Wäsche auf dem Rubbelbrett sauber zu schrubben.

Archäologisches Museum Hamburg/ Stadtmuseum Harburg
Museumsplatz 2,
S-Bahn: Harburg Rathaus
Tel. 428 712 497
www.amh.de

Ein Tipp (nicht nur) für Archäologie-Fans. Zum Auftakt gehen alle Besucher durch einen Gletscher aus echtem Eis (gebaut aus 25.000 Eiswürfeln) und erleben dahinter ein Gelände, wie es die Eiszeit hinterlassen haben könnte. Jeder kann hier selbst zum Forscher werden. Toll ist auch das sonntägliche Kinderprogramm (14–17 Uhr). Hier wird das Feuermachen mit Feuersteinen geübt; wer Lust hat, bastelt Faustkeile und Speerspitzen oder kreiert Schmuck, wie man ihn in der Bronzezeit vor rund 3000 Jahren trug.

Hafen-Museum
Australiastraße Kopfbau Schuppen 50 A
Hadag-Fähre 73 bis Argentinienbrücke, weiter mit Buslinie 256 zur Australiastraße/Hafenmuseum
Tel. 730 911 84
www.hafenmuseum-hamburg.de

Auf dem Bremerkai mitten im Freihafen wurde bis in die 1960er Jahre der Südamerika-Verkehr abgewickelt. Ehemalige Hafenarbeiter erklären hier ihre Arbeit, und von der Schute bis zum Schwimmkran kannst du dir schweres Gerät aus der Nähe ansehen. Am Wochenende gibt es oft besondere Vorführungen. Dann kannst du miterleben, wie ein Hafentaucher im historischen Anzug ins Wasser geht und ihn Museumsbesucher dabei über die Handpumpe mit Sauerstoff versorgen.

Chocoversum
Meßberg 1, U-Bahn: Meßberg,
Tel. 419 123 00
www.chocoversum.de
Du magst Schokolade? Dann wirst du dich in diesem Museum direkt gegenüber des berühmten Chilehauses wohlfühlen. Auf einer geführten »Schoko-Tour« lernst du hier, wie aus bitteren Kakaobohnen leckere Schokoladentafeln werden, und kannst am Ende sogar deine eigene Lieblingsschokolade kreieren – mit allen Zutaten, die dir am besten schmecken.

Lesen, schauen, spielen

Theater Zeppelin/Hohe LuftSchiff
Kaiser-Friedrich-Ufer 27,
U-Bahn: Hoheluftbrücke
Tel. 422 30 62
www.theaterzeppelin.de

Ein Theater auf dem Wasser und noch besser: Auf dieser Bühne haben Erwachsene nichts zu sagen. Die ehemalige Getreideschute »FB 11« auf dem Isebekkanal ist heute ein Theaterschiff. Kinder und Jugendliche spielen hier für Kinder und Jugendliche ein abwechslungsreiches Programm.

Theater für Kinder

Max-Brauer-Allee 76, S-Bahn: Altona
Tel. 382 538
www.theater-fuer-kinder.de

Das älteste professionelle Kindertheater Deutschlands – und mit Sicherheit eines der besten. Seit 1968 werden hier immer wieder anspruchsvolle Stücke für Kinder neu inszeniert und teils sogar uraufgeführt. Mit Autoren wie Paul Maar, Christine Nöstlinger oder (zu Lebzeiten) Astrid Lindgren hat das Theater eng zusammengearbeitet. Tolle Kostüme und erstklassige Schauspieler begeistern hier nicht nur die jungen Zuschauer.

Kinderbibliothek

Hühnerposten 1, U-Bahn: Steinstraße
Tel. 426 06-0
www.buecherhallen.de/kinderbibliothek.html

50.00 Bücher, CDs, Spiele, Zeitschriften auf 700 Quadratmetern Fläche. Die »Kibi« zeigt, wie Büchereien für junge Leser aussehen sollten. Die Räume sind neu und abwechslungsreich gestaltet, es gibt jede Menge gute Plätze zum Schmökern und Spielen. Ideal für verregnete Tage oder um sich mit einem guten Buch die Zeit zu vertreiben, während die Eltern in der nahen Innenstadt shoppen gehen.

Speicherstadt spezial

Die Speicherstadt (siehe R 4) hast du vielleicht schon erkundet. Diese drei Attraktionen lohnen aber einen eigenen Besuch.

Miniatur-Wunderland

Kehrwieder 2, Block D,
U-Bahn: Baumwall
Tel. 300 680-0
www.miniatur-wunderland.de

Zwei Zwillingsbrüder beschlossen im Jahr 2000, in der Speicherstadt die größte Modelleisenbahn der Welt zu bauen – und sie haben es geschafft.

Mehr als 15 Kilometer Schienen sind hier verlegt, mehr als 480.000 Lichter leuchten ferngesteuert, über 1000 Züge fahren durch Hamburg, Amerika, Skandinavien und die Schweiz. Alle Kulissen sind im Miniaturformat originalgetreu nachgebaut, und die Anlage wächst immer noch weiter. Ein Muss für alle Eisenbahn- und Modellbau-Fans.

Dialog im Dunkeln

Alter Wandrahm 4, U-Bahn: Meßberg
Tel. 309 63 40
www.dialog-in-hamburg.de

Die Idee ist simpel: Sehende erfahren, wie blinde Menschen die Welt erleben. In kleinen Gruppen werden die Besucher von blinden Führern durch eine Ausstellung in tiefster Dunkelheit geführt. Gerüche, Wind, Temperaturen, Töne und das Fühlen von Stoffen bringen ihnen bekannte Alltagssituationen auf eine ganz andere Art und Weise nahe. Eine Erfahrung für alle Sinne. Buchung nur im Voraus.

Speicherstadt-Entdeckertour

Treffpunkt: Speicherstadtmuseum,
Am Sandtorkai 36,
U-Bahn: Baumwall
Anmeldung erforderlich unter
Tel. 32 11 91

Ein spannender Rundgang für alle, die noch tiefer in die Geschichte der Speicherstadt eintauchen wollen: Hier kannst du Kakaobohnen probieren und erfährst, wie die Quartiersleute früher in den Speichern gearbeitet haben – und wo Störtebeker seinen Goldschatz versteckt haben könnte. Am Ende gehst du selbst auf Schatzsuche. Führung für Kinder im Alter von 6–12 Jahren in Begleitung Erwachsener, jeden Sonntag ab 10.30 Uhr in den Schulferien. Genaue Termine unter www.speicherstadtmuseum.de (öffentliche Rundgänge und Entdeckertouren).

Rätsellösungen

Seite 22: 130 Kilogramm, das ist so viel, wie zwei Erwachsene zusammen wiegen.

Seite 27: Alte Stiefel, an denen Ratten nagen.

Seite 29: Der alte hat nur drei Zähne und größere Ohren.

Seite 31: roter Bart = barba rossa

Seite 32: Krankheit und Seuchen

Seite 33: Australien: Bumerang
Afrika: Giraffe
Europa: Tuchhändler mit Stoffen
Asien: chinesische Vase
Nordamerika: Büffel mit Indianer
Südamerika: Kartoffel

Seite 37: Pflanzen und Blumen

Seite 38: Tiergartenstraße

Seite 38: Petersilie: Blasen und Nieren
Blutwurz: Magen, Darm, Galle und Haut
Sonnenhut: Lunge und Rachen

Seite 47: Vanille: Madagaskar
Pfeffer: Indien
Paprika: Südamerika

Seite 48: Columbus und Vasco da Gama

Seite 50: Gottes Freund, der Welt Feind

Seite 55: Oktopus mit acht Armen

Seite 57: ein Rad

Seite 65: 217 Tonnen

Register